Klett Lektürehilfen

Alfred Andersch

Sansibar oder der letzte Grund

von Thomas Gräff

Klett Lerntraining

Thomas Gräff ist Gymnasiallehrer für Deutsch und Musik an einem Gymnasium in Saarbrücken.

Die Textzitate folgen der Ausgabe: Alfred Andersch, *Sansibar oder der letzte Grund*. Zürich: Diogenes, 2006. ISBN 978-3-257-23601-9

Bibliografische Information der Deutschen Bibliothek
Die Deutsche Bibliothek verzeichnet diese Publikation in der Deutschen Nationalbibliografie; detaillierte bibliografische Daten sind im Internet über http://dnb.dnb.de abrufbar

Auflage 4 3 2 1 | 2018 2017 2016 2015
Die letzten Zahlen bezeichnen jeweils die Auflage und das Jahr des Druckes.
Dieses Werk folgt der reformierten Rechtschreibung und Zeichensetzung. Ausnahmen bilden Texte, bei denen künstlerische, philologische oder lizenzrechtliche Gründe einer Änderung entgegenstehen.

www.klett-lerntraining.de
Redaktion: Günter Maier
Umschlagfoto: Ullstein Bild (Brigitte Friedrich), Berlin
Satz: DOPPELPUNKT, Stuttgart
Druck: Medienhaus Plump, Rheinbreitbach
Printed in Germany
ISBN: 978-3-12–923091-6

9 783129 230916

Inhalt

Vorbemerkung

„Die Literatur ist Arbeit an den Fragen der Epoche."
(Alfred Andersch)

Welchen Bruch der Nationalsozialismus und die Katastrophe des von ihm herbeigeführten Zweiten Weltkriegs auch für das Kulturleben in Deutschland bedeutet, kann kaum überschätzt werden. Die in der anschließenden Zeit in der gesamten deutschen Gesellschaft wirkende Suche nach Orientierung zwischen Restauration und Neubeginn und die damit verbundenen Erschütterungen registrieren die Schriftsteller wie Seismografen. Die Romane wurden zum literarischen Mittel, um sich im Spannungsfeld zwischen Vergangenheitsbewältigung und Erleben der gesellschaftlichen Entwicklung in der Gegenwart zu orientieren. Dabei gerieten sie häufig in Opposition zu den allgemeinen Entwicklungsprozessen hin zu einer Wohlstandsgesellschaft, die zum Teil auf der Basis einer nicht hinterfragten und nicht bewältigten Vergangenheit aufbaute.

Vor allem die Romane von Wolfgang Koeppen, Heinrich Böll, Günter Grass, Max Frisch und Uwe Johnson kommentierten diese Entwicklungen kritisch. Auch Alfred Andersch gehört zu diesen wichtigen kritischen Stimmen. Die genannten Autoren haben den Nationalsozialismus am eigenen Leib erfahren und stellen die Frage, ob die beiden neuen deutschen Staaten (Bundesrepublik und DDR) den Anspruch, eine freiheitliche und humane Ordnung zu verwirklichen, tatsächlich einlösen. Gemeinsam ist ihnen eine skeptische, zum Teil pessimistische Haltung.

Andersch lässt seinen Roman *Sansibar oder der letzte Grund* im Deutschland des Nationalsozialismus spielen. Er führt fünf Personen, die sich in bedrängter Situation befinden, zu einer gemeinsamen Aktion zusammen. Aus dieser lebensgefährlichen Aktion gehen alle als veränderte Menschen hervor, die ihre individuelle Freiheit neu definieren. Die Schicksale der fünf unterschiedlichen Charaktere zeigen Handlungsmöglichkeiten hin zu einem selbstbestimmten und verantwortlichen Leben auf.

Der Suche nach neuen moralischen Orientierungen entsprach auch die Suche der Autoren nach einer neuen literarischen Sprache. Andersch findet mit seinem Roman ein radikales Gegenmodell zum traditionellen Roman. Die eigentliche Handlung wird zusammengewoben aus fünf simultanen Erzählfäden, die sich gegenseitig brechen, beleuchten und ergänzen. Auch die Darstellungsweise der inneren und äußeren Vorgänge der jeweiligen Handlungsstränge greift Erzähltechniken der modernen Literatur des 20. Jahrhunderts auf. Daher stellt *Sansibar oder der letzte Grund* einen progressiven Versuch dar, die deutsche Literatur, die durch den Nationalsozialismus so lange von zeitgenössischen Entwicklungen abgeschnitten war, durch Elemente aus der Weltliteratur zu bereichern.

Der Roman ist keine leichte Lektüre. Der komplexen Erzählstruktur zu folgen, stellt erhöhte Anforderungen an den Leser. Die Bedeutung der Handlung erschließt sich in ihrer Gänze nur, wenn man die historischen Hintergründe sowohl der erzählten Zeit als auch der Entstehungszeit des Romans bedenkt. Belohnt wird der Leser durch einen ungewöhnlichen, facettenreichen und auch spannenden Roman der Moderne, dessen Modell für erfülltes Leben über die Zeit Anderschs hinaus bis heute gültig bleibt.

Handlung

Anderschs Roman unterscheidet sich in der Erzählweise deutlich von anderen. Statt eines kontinuierlich fortlaufenden Textes bietet er einzelne Abschnitte von unterschiedlicher Länge, insgesamt 37 an der Zahl. Jeder Abschnitt trägt als Überschrift einen oder mehrere Namen der Romanfiguren. Diese Überschriften geben an, welche Person(en) im jeweiligen Abschnitt im Vordergrund steht/stehen und aus welcher Perspektive der jeweilige Handlungsabschnitt berichtet wird. Die Erzählperspektive wechselt jedoch nicht nur zwischen den verschiedenen Abschnitten, sondern meist auch innerhalb jener Abschnitte, die mit mehreren Namen überschrieben sind. Die betreffenden Personen geben die äußeren Ereignisse aus ihrer Sicht wieder und schildern dabei gleichzeitig ihre Gefühle und Gedanken, Erinnerungen und Ahnungen. Der erste und danach jeder zweite Abschnitt trägt die Überschrift „Der Junge" und ist in Kursivschrift gedruckt.

Ungewöhnliche Erzählweise mit simultaner Personenführung

Die Handlung wird also nicht in einer kontinuierlichen, chronologischen Abfolge erzählt, sondern es entstehen sowohl Zeitsprünge als auch Überschneidungen. Darüber hinaus werden gleiche Ereignisse aus verschiedenen Perspektiven mehrfach erzählt. Dem Leser fällt daher die Aufgabe zu, durch aufmerksames Verknüpfen der Details den Sinnzusammenhang zu erschließen.

Der Plot

Handlungsgerüst

Als Plot eines literarischen Textes bezeichnet man die Abfolge der Geschehnisse, auf die sich die Handlung reduzieren lässt, wenn alle Besonderheiten der Erzähltechnik (Vorausdeutungen, Rückblenden, Erzählverhalten usw.) außer Acht gelassen werden. Der Plot von *Sansibar oder der letzte Grund* setzt sich aus wenigen Geschehnissen zusammen: Fünf Personen unterschiedlichen Alters treffen in Rerik, einem (halb)fiktiven Städtchen an der Ostsee, beabsichtigt oder zufällig zusammen. Der Handlungsort lehnt sich einerseits an das reale Vorbild der Stadt Wismar und ihrer Küstenregion an; ande-

rerseits spielt er auf die 1938 von den Nationalsozialisten vorgenommene Umbenennung der Stadt Alt Gaarz in der Wismarer Bucht an. Der Name Rerik geht auf eine an dieser Stelle vermutete Wikingersiedlung zurück, doch hat das reale Rerik wenig mit dem Schauplatz in Anderschs Roman gemeinsam.
Sämtliche Personen befinden sich in einer krisenhaften Lebenssituation, aus der sie einen Ausweg suchen. Für einige besteht dieser Ausweg in einer Flucht. Drei der Personen beschließen, eine aus politischen Gründen gefährdete Holzplastik außer Landes zu schaffen. Dabei soll auch eine ebenfalls gefährdete junge Jüdin mitgenommen werden, um sie zu retten. Die Aktion gelingt, die fünf Personen trennen sich wieder und gehen ihre eigenen Wege.

Gliederung in fünf Teile

Zur besseren Übersicht lässt sich die Handlung in fünf Teile gliedern:

Erster Teil (Abschnitt 1–9, S. 7–24): „Hoffnungen"
Einleitung und Vorstellung der Personen; alle Personen suchen Möglichkeiten, um für sich oder andere die Flucht aus Rerik zu ermöglichen.

Zweiter Teil (Abschnitt 10–19, S. 25–59): „Prüfung"
Entwicklung der Handlung und Zusammenführung der Personen; sie prüfen die Verwirklichung ihrer Pläne; das Scheitern ihrer Pläne zeichnet sich ab.

Dritter Teil (Abschnitt 20–25, S. 60–95): „Netz von Beziehungen"
Die Rettung der Holzplastik „Lesender Klosterschüler" wird beschlossen; Gregor beginnt, die Fäden zu ziehen.

Vierter Teil (Abschnitt 26–30, S. 96–136): „Vorbereitungen"
Der „Lesende Klosterschüler" wird verpackt und Judith in die Aktion eingeweiht; der Romantitel Sansibar beginnt sich zu klären.

Fünfter Teil (Abschnitt 31–37, S. 137–179): „Flucht"
Schmuggel der Holzplastik und Judiths; Trennung der Personen; Aufbruch, Neuanfang, Tod, Rückkehr.

Erster Teil: Hoffnungen

→ Die Handlung spielt in Rerik an der Ostsee im Jahr 1937. → Die fünf Hauptpersonen wollen aus verschiedenen Gründen von dort weg. → Sie alle befinden sich in Lebenskrisen. → Außerdem sind sie durch das politische System gefährdet.	Vorstellung der Personen

Ort und Zeit des Geschehens

Die Handlung spielt in Rerik an der Ostsee im Spätherbst des Jahres 1937 (vgl. S. 17) und umfasst im Kern einen sehr kurzen Zeitraum. Zwischen der ersten („Halb drei", S. 14) und letzten (sechs Uhr morgens, vgl. S. 170) Zeitangabe liegen etwas mehr als 15 Stunden. Eine Art Epilog (Nachspiel, Nachwort) erweitert diesen Zeitraum noch bis zum Abend des nächsten Tages. Einige Ereignisse aus der unmittelbaren oder etwas länger zurückliegenden Vorgeschichte werden in Form von Rückblenden in die Handlung integriert. Für einen Roman ist dies ein sehr kurzer Zeitabschnitt.

Der Junge (Abschnitte 1, 3, 5, 7, 9)

Die Person des Jungen als strukturierendes Moment

Bis zum Ende des Romans erfährt der Leser den vollständigen Namen dieser Person nicht. Trotzdem ist der Junge eine zentrale Figur des Erzählens, da die ihm gewidmeten Abschnitte durch ihre regelmäßige Wiederkehr die Handlung gliedern und strukturieren. Trotzdem bekommt der Leser im ersten Abschnitt keine grundlegenden Informationen über den Jungen. Man weiß nicht, wer oder was er ist. Es wird lediglich deutlich, dass er gerne in seinem Versteck Abenteuergeschichten, insbesondere *Huckleberry Finn* von Mark Twain, liest und daher von Abenteuern in einer fernen Gegend träumt. Zumindest möchte er aus Rerik weg. An realen Gegebenheiten werden nur die „Ostsee" (S. 7) als Handlungsort und der Vater des Jungen als dessen Vorbild genannt.

Träume von Abenteuern

Die folgenden Abschnitte des Jungen setzen seine Assoziationskette fast nahtlos fort und ergänzen lediglich die Informationen, dass der Vater im Dorf als „Säufer" (S. 19) verschrien war und bei einer ziellosen Fahrt mit

Drei Gründe für eine Flucht

seinem Fischerboot auf die Ostsee hinaus umgekommen ist. Der daraus resultierende Hass des Jungen auf die Erwachsenen in Rerik (vgl. S. 14) ist neben der Tatsache, dass „in Rerik nichts los war“ (S. 10) einer der drei Gründe, warum er von dort weg möchte.

Gregor (Abschnitt 2)

Bedrohte Person

Mit Gregor betritt eine Figur die Szene, die später zentral für die Handlung sein wird. Auch bei dieser Person werden die grundlegenden Informationen zunächst vorenthalten und erst in einem späteren Abschnitt mitgeteilt. Dass es sich bei Gregor um einen kommunistischen Aktivisten handelt, wird nur durch den Begriff „Genossen“ (S. 9) angedeutet. Aus seiner stellenweise gehobenen Sprache (z. B. „makadamisierte Straße“, S. 8) und seinen präzisen Beobachtungen lässt sich schließen, dass er eine gute Ausbildung genossen hat. Er befindet sich mit dem Fahrrad auf dem Weg nach Rerik. Da er sich „bedroht“ (ebd.) fühlt, will er offensichtlich von dort aus fliehen. In ihm konkurrieren zwei unterschiedliche Sehweisen der Welt; auf der einen Seite kleidet er seine Eindrücke in Vergleiche und Metaphern („Kulissen für ein Spiel“, S. 8), auf der anderen Seite formuliert er sie als nüchterne Wahrnehmung („Schauplatz einer Drohung“, S. 9).

Helander (Abschnitt 4)

Pfarrer in Glaubenskrise

Der Pfarrer Helander ist in „dunklen Gedanken“ (S. 12) gefangen; er schaut aus dem Fenster auf den Platz an seiner Kirche und entdeckt nichts als „Einsamkeit“ (S. 11). Dass er auf der Backsteinmauer seiner Kirche nach einer „Schrift“ (S. 12) sucht, deutet an, dass er in einer Krise seines Glaubens steckt. Auch in Bezug auf seine Person wird eine Bedrohung erkennbar, er möchte bei Knudsen Hilfe gegen den „gemeinsamen Feind“ (S. 11) suchen. Dass auch hier noch nicht erwähnt wird, welche Art Hilfe wobei erwartet wird, ist ein Aspekt der Erzähltechnik und trägt zur Spannungssteigerung bei. Die hier genannte Georgenkirche wird später zum zentralen Handlungsort.

Knudsen (Abschnitt 6)

Ohne dass die Personen bisher miteinander in Kontakt getreten sind, werden an dieser Stelle die Verbindungen zwischen ihnen deutlich. Knudsen, an den Helander eben gedacht hat, ist ein Fischer und der Junge ist offensichtlich sein Schiffsjunge. Auch die Beziehung zu Gregor klärt sich, da Knudsen darüber verärgert ist, dass er hier auf einen Instrukteur der Partei wartet, anstatt schon längst zum Fischen ausgelaufen zu sein. Auch er scheint sich in einem Zustand der Bedrohung zu befinden. Einerseits ist die Parteiarbeit eine Aktion im Untergrund, das Treffen mit dem Instrukteur ist heimlich, und Knudsen fürchtet, dass er sich „verdächtig" (S. 15) macht, wenn er nicht endlich zum Fischfang ausläuft. Er ist scheinbar als Letzter von seiner Parteigruppe übrig geblieben, weil alle anderen „Schiß" (ebd.) vor dem ‚Terror' haben. Andererseits wirft Knudsen der Partei Versagen vor, weil sie „hätte schießen sollen" (ebd.).

Warten auf den Parteigenossen

Zwiespältige Haltung zur Partei

Ein weiterer Aspekt der Bedrohung Knudsens zeigt sich in der Person seiner Frau Bertha. Sie wird als gutmütige Person geschildert, die aber unter einer psychischen Störung leidet, was sich darin zeigt, dass sie immer wieder den gleichen Witz erzählt, ohne es zu merken. In einer Rückblende werden zum ersten Mal die Urheber der Bedrohung erwähnt. Im gesamten Roman heißen sie immer nur die „Anderen" (S. 16), aber aus dem Zusammenhang lässt sich schließen, dass es sich dabei um eine verallgemeinernde Bezeichnung handelt, die nicht nur die Nationalsozialisten meint.

Gefährdung der psychisch kranken Frau

Ein Vertreter der Anderen hatte Knudsen aufgesucht, weil ihrer Ansicht nach Bertha als „geistesgestört" (ebd.) gilt und daher in eine Anstalt gebracht werden soll. Mit Hilfe des Arztes ist es Knudsen gelungen, seine Frau davor zu bewahren. Aber er lebt nun ständig in der Angst, dass er sie nach einer Ausfahrt zum Fischen nicht mehr vorfinden würde. Er hat den Eindruck, dass die Anderen seine Frau als Druckmittel gegen ihn und die Partei benutzen. Damit kommt er sich selbst wie ein Fisch vor, dem vom Fischer die Angel vorgehalten wird.

Knudsen befindet sich also in einer zwiespältigen Situation: Er hat sich innerlich von der Partei abgewendet, da er unzufrieden mit ihr ist. Er fühlt sich von den Anderen mit seiner Frau erpresst. Da er aber von ihnen wegen seiner Parteizugehörigkeit unter Druck gesetzt wird, regt sich in ihm der Widerstand; er will kein „stummer Fisch“ (S. 18) sein und erwartet widerwillig den Instrukteur.

Judith (Abschnitt 8)

Jüdin auf der Flucht

Mit Judith Levin wird die letzte der Hauptfiguren eingeführt. Sie ist eine junge Jüdin aus wohlhabender Familie („Parterresalon“, S. 21). Eine Rückblende liefert die Begründung, warum Judith sich in Rerik aufhält. Ihr Vater ist wohl schon länger tot. Am Tag zuvor hat sich ihre körperbehinderte Mutter das Leben genommen, um sich der Abholung durch die Anderen zu entziehen („ein Name, der abgeholt werden würde, ein Name, der sich verbergen mußte“, S. 23). Noch vor ihrem Freitod hat sie ihrer Tochter geraten, nach Rerik zu gehen, um von dort mit einem ausländischen Schiff aus Deutschland zu fliehen. Ein eingeweihter Bankier hat ihr Geld aus ihrem Erbe gegeben.

Suche nach Ausweg

Nun sitzt Judith unter falschem Namen im Zimmer des Gasthofes „Wappen von Wismar“ und erkennt, dass es wohl kein guter Plan war, diesen letzten Willen der Mutter zu befolgen. Der Hafen ist leer, außer ein paar Fischkuttern liegen keine Schiffe da, schon gar keine ausländischen. Der Wirt mit seinem „weißen, fetten Gesicht“ (ebd.) und seiner aufdringlichen Art macht Judith Angst, da er ihre Anmeldung im Gästebuch verlangt, was sie aber wegen ihrer Situation nicht vornehmen kann. Sie empfindet die „riesigen roten Türme“ Reriks als „böse Ungeheuer“ (S. 22) und überträgt damit ihre Angst vor der Bedrohung auf die Außenwelt. Ihr wird klar, dass die Idee der Mutter eher einer sentimentalen (vgl. S. 20 f.) Empfindung entsprungen ist als einer reiflichen Überlegung. Die Vorschläge des Bankiers für Fluchtwege wären wohl die bessere Lösung gewesen.

Trotz ihrer unterschiedlichen Lebenssituation sind alle Hauptpersonen durch „die Anderen“ bedroht, sei es, dass sie einer verbotenen Partei angehören und im Untergrund politisch aktiv sind (Gregor, Knudsen), dass sie gegen die Anderen Widerstand leisten (Helander), dass sie wegen einer Krankheit weggesperrt werden sollen (Knudsens Frau Bertha) oder dass sie wegen ihrer Religionszugehörigkeit verfolgt werden (Judith). Alle Figuren haben sich von bestehenden Bindungen gelöst und befinden sich innerlich oder äußerlich im Aufbruch zu neuen Zielen. An ihren Einzelschicksalen zeigen sich die Auswirkungen eines totalitären Systems.

Zweiter Teil: Prüfung

- Gregor will sich von der Partei und ihren Aufträgen lösen. Er entdeckt in der Kirche den „Lesenden Klosterschüler".
- Helander möchte die Holzplastik in Sicherheit bringen lassen.
- Knudsen lehnt die Hilfe für Helander ab. Er hat sich innerlich von der Partei gelöst.
- Judith fühlt sich wie in einer Falle.
- Die Fluchtpläne scheinen zu scheitern.

Prüfung der Fluchtmöglichkeiten

Gregor (Abschnitte 10, 16)

Gregor nimmt zum ersten Mal die Stadt Rerik wahr und dabei fallen ihm die Türme besonders ins Auge. Mit der Erwähnung der Türme wird eine Verknüpfung zum vorherigen Abschnitt Judiths hergestellt. Gregor scheint die Hoffnung, dass ihm hier die Flucht gelingen könnte, bereits aufzugeben. In einer Rückblende werden die Gründe für seine Absicht zu desertieren nachgeholt. „Im Anblick von Rerik erinnerte Gregor sich an Tarasovka, weil dort sein Verrat begonnen hatte." (S. 27) Er hat das Gefühl, dass er die Sache der Kommunistischen Partei verrät, da er nicht mehr vollkommen von ihrer Lehre überzeugt ist. Das hat sich darin gezeigt, dass ihm während eines Manövers der Roten Armee auf der Halbinsel Krim, an dem er während seiner Schulung teilnehmen durfte, das schöne Naturerlebnis „wichtiger gewesen war als die Einnahme der Stadt" (ebd.).

Verrat an der Partei

In Abschnitt 16 befindet sich Gregor in der Georgenkirche, wo er seinen Verbindungsmann in Rerik treffen soll. Immer noch ist er mit den Gedanken an seine Fahnenflucht beschäftigt und stellt sich die Frage: „[...] konnte man ohne Auftrag leben?“ (S. 47) Bisher hat er immer Aufträge ausführen müssen. Jetzt will er das nicht mehr, weil er Angst hat und nicht an die Aufträge glaubt (vgl. S. 46).

„Der lesende Klosterschüler“

In diesem Augenblick wird er auf die Holzplastik in der Kirche aufmerksam, von der vorher im Gespräch zwischen Helander und Knudsen die Rede gewesen ist. Er betrachtet sie sehr eingehend und glaubt anfangs, Parallelen zwischen sich und der Figur zu erkennen: „Das sind ja wir [...]. Genau so sind wir in der Lenin-Akademie gesessen, und genau so haben wir gelesen“ (S. 48). Dann wird ihm aber der Unterschied bewusst: Der Mönch „las kritisch. [...] Er sieht aus wie einer, der jederzeit sein Buch zuklappen kann und aufstehen, um etwas ganz anderes zu tun.“ (S. 49) Gregor ist von der Figur fasziniert, da sie ihm die Antwort auf seine Frage gegeben hat: „Ich habe einen gesehen, der ohne Auftrag lebt.“ (Ebd.)

Ein Leben ohne Auftrag?

Der Junge (Abschnitte 11, 13, 15, 17, 19)

Während der Junge auf die Bootsfahrt mit Knudsen wartet, denkt er immer wieder über die Gründe nach, warum er aus Rerik weg will. Dabei taucht häufig der Gedanke an seinen Vater auf. Der Junge hat die Empfindung, dass die Erwachsenen seinen Vater nicht verstanden und falsch beurteilt haben, während er ihn wegen seines Wunsches fort zu wollen eher bewundert. Er vermutet, dass sein Vater ebenso an Langeweile gelitten hat wie er: „Er war gestorben, weil er nichts zu sehen gekriegt hatte.“ (S. 43) Der Junge möchte jedenfalls später „anders sein“ (S. 38) als die Erwachsenen. Verstärkt wird sein Missmut durch die Tatsache, dass seine Mutter ihm den Wunsch, nach Hamburg zu gehen, um auf einem Schiff anzuheuern, immer wieder abschlägt. Da er ohne Papiere nichts erreichen kann, wird ihm der Unterschied zu seinem Vorbild Huck Finn deutlich: „der brauchte keine Papiere [...] der floh nicht, weil es irgendwo langweilig war. Er floh, weil er verfolgt wurde.“ (S. 59) Momentan scheint sich für den Jungen keine Möglichkeit zu eröffnen, um seinen Wunsch nach Aufbruch zu verwirklichen.

Langeweile in Rerik

Helander • Knudsen (Abschnitt 12)

Zum ersten Mal werden in diesem Abschnitt zwei Romanfiguren in einem Gespräch zusammengeführt. Helander spricht Knudsen scheinbar zufällig im Hafen an, um ihn zu bitten, die „Holzfigur aus der Kirche" (S. 32) heimlich nach Schweden zu schmuggeln. Indem der Dialog die Gedanken beider Personen miteinander verknüpft, holt er einerseits Sachverhalte aus der Vergangenheit nach, andererseits verdeutlicht er das Verhältnis der Personen zueinander. Nebenbei sind auch wichtige Informationen der Außenwahrnehmung eingestreut wie die Zeitangaben „Halb vier" (S. 31), „vier" (S. 37) und „vor vier Jahren" (S. 31 – Machtergreifung der Anderen). Die weltanschaulichen Unterschiede zwischen dem Kommunisten Knudsen und dem christlichen Pfarrer Helander finden Ausdruck in einer persönlichen Feindschaft der beiden: „Auch Ihnen wird Ihr Verdun-Bein eines Tages nichts mehr nützen." (Ebd.) Daher ist es umso erstaunlicher, dass der Pfarrer den Fischer nun anspricht und um Hilfe bittet.

Helander bittet Knudsen um Hilfe

Eine Rückblende macht den Grund für das Anliegen des Pfarrers deutlich: Das Kunstwerk soll von den Machthabern beschlagnahmt werden, weil es auf „der Liste der Kunstwerke, die nicht mehr in der Öffentlichkeit gezeigt werden sollen" (S. 33), steht. Damit wird der Staat, der die Kunst einschränkt, als totalitärer Staat charakterisiert, was sich auch in der Tatsache zeigt, dass sich der Kommunist und der Pfarrer bedroht fühlen. Weil der Pfarrer sich gegen diese Einschränkung der Freiheit stellt, ist für ihn der „Klosterschüler" „das große Heiligtum" (S. 34), und deswegen will er ihn in Sicherheit bringen. Für Knudsen stellt die Figur hingegen ein „Götterbild" (S. 35) dar, deshalb möchte er als Kommunist dem Pfarrer diesen Gefallen keineswegs tun.

Verbot unerwünschter Kunst

Judith (Abschnitt 14)

Dass dieser Abschnitt zeitgleich mit dem vorherigen ist, zeigt sich darin, dass Judith durch das Fenster einen Geistlichen und einen Fischer beim Gespräch beobachtet. Judith versucht sich in der Gaststube beim Wirt möglichst unauffällig nach Fluchtmöglichkeiten zu erkundigen, erfährt aber, dass eigentlich keine Frachtschiffe mehr nach Rerik kommen. Mit diesem Schwund an Hoffnung auf eine Fluchtmöglichkeit baut sich eine andere Gefahr auf, denn der Wirt fragt sie wieder nach ihrem Pass, den sie ihm als jüdischer Flüchtling nicht zeigen kann. Ihm fällt auch auf, dass sie „so ausländisch" (S. 41) aussieht. Da er ihr auf anzügliche Weise androht, dass er nachts an ihre Zimmertür klopfen würde, um den Pass zu holen, hat sie zunehmend das Gefühl, in einer „Falle" (ebd.) zu sitzen. Sie erkennt die Idee ihrer Mutter als „zu romantisch" (ebd.). Sie sieht noch als Ausweg, sich dem Wirt hinzugeben und die „kindliche Tour" zu schieben (S. 42). Die Ankunft eines schwedischen Frachtschiffes erlöst sie aus der momentanen Hoffnungslosigkeit.

Wirt als Gefahr

Rerik als Falle

Knudsen • Gregor (Abschnitt 18)

Auch in diesem Gespräch werden die Gedanken und Empfindungen der Personen mit ihren Äußerungen konfrontiert, so dass häufig eine Diskrepanz zwischen dem Denken und den Worten erkennbar wird. Gleichzeitig erfährt der Leser durch die Gedanken der Personen etwas über das Aussehen des jeweils anderen (vgl. S. 52, 54). Knudsen überträgt seine Unzufriedenheit mit der Partei und mit seiner Situation in Form von Ablehnung, fast Hass, auf Gregor und ist daher für dessen Mitteilungen nicht offen. Gregor trägt seinerseits die Informationen über die Dezentralisierung der Parteiorganisation in Form des „Fünfergruppensystems" (S. 53) nur halbherzig vor. Innerlich gibt er Knudsen in dessen Skepsis gegenüber der Partei Recht. In Wirklichkeit interessiert er sich mehr für eine Fluchtmöglichkeit und erkundigt sich mit vorgeschobenen Gründen dafür: „Könntest du [...] einen Kurier nach drüben bringen?" (S. 56) Doch Knudsen durchschaut ihn sogleich und sagt es ihm auf den Kopf zu: „Du willst also kneifen?" (S. 57) Dadurch verstärkt sich Knudsens Wut. Als Gregor ihn auffordert mitzukommen, schiebt sich in Knudsen wieder der Gedanke an seine Frau Bertha in den Vordergrund. Die beiden werden entdeckt und Helander kommt hinzu.

Knudsens Hass auf Gregor

Zwei Abtrünnige

Prüfung der Fluchtmöglichkeiten

Für alle Personen scheint sich zum jetzigen Zeitpunkt

die Hoffnung auf Verwirklichung ihrer Fluchtpläne zerschlagen zu haben. Der Junge kann wegen seiner Minderjährigkeit nicht fort, für Judith ergeben sich keine Fluchtwege, Knudsen lehnt es ab, die Plastik oder Gregor nach Schweden zu bringen, und er selbst fühlt sich in seiner Sorge um Bertha gefangen.

Dritter Teil: Netz von Beziehungen

- Gregor setzt sich für die Rettung der Holzfigur ein.
- Der Junge verabschiedet sich von seinen Abenteuerträumen.
- Gregor möchte Judith in die Rettungsaktion einbeziehen.
- Knudsen macht bei der Aktion mit.
- Judiths Versuch, mit Hilfe von schwedischen Seeleuten zu fliehen, scheitert.

Die Rettungsaktion wird wahrscheinlich

Helander • Knudsen • Gregor (Abschnitt 20)

Helanders unheilbare Wunde

Eine Rückblende erläutert Helanders Situation. Er hat im Krieg ein Bein verloren, jedoch ist die Wunde wegen seiner Zuckerkrankheit damals nur schwer verheilt und hat sich wieder entzündet. Helander ist sich der Unheilbarkeit der Wunde bewusst und möchte vorher die Holzplastik in Sicherheit bringen. Als er gesehen hatte, wie Knudsen in die Kirche gegangen ist, folgte er ihm und trifft nun Gregor und Knudsen im Gespräch an. Er ist zunächst verärgert, dass die Kommunisten seine Kirche für ihre Parteitreffen missbrauchen, aber Gregor kann ihn durch geschickte Argumente davon überzeugen, dass sie im selben Boot sitzen. Durch Helanders Eintreffen wird die Identität der beiden Kommunisten voreinander gelüftet: „Gregor“ ist lediglich ein Tarnname (vgl. S. 61).

Helanders erneute Bitte

Helander nutzt die Situation, um Knudsen noch einmal zu fragen, ob er die Figur nach Schweden bringen würde, was dieser mit dem Hinweis auf die Lebensgefahr erneut ablehnt. Die Innensicht der Erzählperspektive gibt Aufschluss darüber, wie unbehaglich die Personen sich in Wirklichkeit fühlen, auch wenn sie sich nach außen selbstsicher geben und ein ruppiges Benehmen an den

Tag legen. So erregt sich zum Beispiel Helander, als Knudsen die Figur als „Götzen“ (S. 63) bezeichnet, weil er sich dadurch in seinen Zweifeln an Gott getroffen fühlt. Als Gregor begreift, worum es in dem Gespräch zwischen Knudsen und Helander geht, ändert er sofort die Strategie, erklärt die Rettungsaktion der Holzplastik zur Parteiaktion und erteilt Knudsen den vorgeblichen „Parteibefehl“ (S. 64): „du wirst das Ding nach Schweden bringen.“ (Ebd.) Dazu erfindet er auch schnell eine neue Parteitaktik: „Wir arbeiten mit allen zusammen: mit den Kirchen, mit den Bürgern, sogar mit den Leuten von der Armee. Mit allen, die gegen die Anderen sind.“ (Ebd.) Knudsen glaubt nicht daran und wirft ihm nur die eigene Absicht zur Flucht vor: „Damit du eine Gelegenheit hast, nach drüben zu kommen“ (S. 65). Er verlässt die Kirche und verkündet, dass er gleich auslaufen werde. Gregor verspricht dem Pfarrer, dass Knudsen die Plastik trotzdem nach Schweden bringen werde, und lässt sich die Schlüssel zur Kirche geben. Sie vereinbaren ein Treffen für Mitternacht in der Kirche.

Gregor erfindet eine Parteiaktion

Der Junge (Abschnitte 21, 23, 25)

Zunehmend wundert der Junge sich darüber, dass Knudsen das Auslaufen immer wieder verschiebt (vgl. S. 80). Als er während der Wartezeit wieder sein Versteck mit den Büchern aufsucht, stellt er fest, „daß er mit dem Speicher und mit den Büchern zu Ende war“ (S. 94), weil sie nicht mit seiner Wirklichkeit übereinstimmen. Er verabschiedet sich von seinen Jugendträumen.

Während er vorher immer wieder nach dem dritten Grund, warum man aus Rerik weg musste, gesucht hat, der ihm nicht mehr eingefallen war, erkennt er in diesem Augenblick: „Sansibar in der Ferne, Sansibar hinter der offenen See, Sansibar oder der letzte Grund.“ (S. 95) Die beiden ersten Gründe sind negative Gründe, sie beruhen auf der Ablehnung von Rerik und der Welt der Erwachsenen. Der dritte Grund aber ist positiv; er besteht in etwas, das man erstrebt, für das man sich einsetzt. Darin, dass der Junge mit seinen Fantasien die titelgebende Metapher des Romans erfindet und genau an diesem be-

Der „letzte“ Grund

deutsamen Punkt der Handlung äußert, bestätigt sich seine zentrale Bedeutung als Figur des Romans, obwohl er zunächst nicht in die Handlung verstrickt ist oder mit den anderen Figuren in Kontakt tritt.

Judith • Gregor • Knudsen (Abschnitt 22)

In diesem Abschnitt werden zwar drei Personen zusammengeführt, aber sie treten nicht direkt miteinander in Kontakt. Die Perspektive wechselt zwischen den Personen hin und her und zeigt so, wie die Betreffenden sich wissentlich oder unwissentlich umkreisen und beobachten.

Gregor entdeckt Judith

Gregor ist zum Hafen zurückgekehrt. Dort fällt ihm zum ersten Mal Judith auf, die er sofort als „Jüdin" (S. 68) erkennt. Er beobachtet sie, wie sie am Hafen dem Anlegen des schwedischen Frachters zuschaut, und weiß damit gleich, dass sie fliehen will: „Nummer drei, die fliehen will." (S. 69) Judith mit ihren schwarzen Haaren (vgl. S. 68) gefällt ihm: „ein besonders schönes Exemplar eines solchen Gesichts." (Ebd.) Wie „die Erinnerung an den goldenen Schild von Tarasovka, die Figur des jungen Mannes, der las" (S. 74) spricht auch die junge Frau seine Gefühle an. Statt ausschließlich seinen kühlen Intellekt zu bemühen, lässt er sich immer wieder durch ästhetische Erfahrungen emotional berühren, durch die Schönheit der Natur, durch ein Kunstwerk oder durch eine schöne Frau. Dass dies einen wichtigen Wendepunkt in seinem Leben darstellt, wird ihm in dieser Situation klar: „Er begriff auf einmal, […] daß er frei war, befreit durch Dinge, die sich überhaupt nicht fassen ließen" (ebd.). So macht es ihm Freude, „dass er sich jetzt ziellos, fast spielerisch am Hafen von Rerik herumtrieb, das Mädchen umkreisend" (ebd.). „Der leere Tag hatte sich gefüllt." (Ebd.) Gleichzeit beobachtet er Knudsen, der sich auf seinem Schiff zu schaffen macht, aber nicht ausläuft. „Er fühlte, wie sich ein Netz von Beziehungen anspann. […] Wenn Knudsen nicht wartete, zerfiel das Abenteuer wie Staub. Wenn er kniff, zerriß das Netz." (S. 77)

Knudsen wartet und ermöglicht so die Aktion

Knudsen seinerseits beobachtet Gregor, wie er sich am Hafen herumtreibt. Als die ersten Kutter vom Fischfang zurückkehren, macht er sich Sorgen, dass es auffallen könnte, dass er immer noch nicht ausgelaufen ist. Innerlich ist er mit der Frage beschäftigt, ob er auf Helander und Gregor eingehen soll. Einerseits lehnt er es ab, da er sich um Bertha Sorgen macht: „Ich kann nicht weg, […] was soll aus Bertha werden?“ (S. 73) Andererseits verachtet er den Kollegen Kröger, „der nichts mehr mit der Partei zu tun haben will“ (S. 78). „Und ich, bin ich besser als er? Bin ich seit heute nachmittag etwas anderes als ein stummer Fisch?“ (Ebd.) Schließlich verschiebt er das Auslaufen erneut.

Judiths Hoffnungen auf eine Fluchtmöglichkeit mit dem schwedischen Frachter schwinden

Judith sieht ihre Hoffnung, mit dem schwedischen Schiff zu fliehen, schnell schwinden, weil sie die Schäbigkeit des Frachters erkennt. Dadurch wird ihr auch bewusst, wie sehr sie bisher unrealistische Vorstellungen gehegt hat. In der Dunkelheit des Hafens empfindet sie noch einmal die roten Türme von Rerik als Bedrohung und fühlt sich hilflos und einsam. Als die Seeleute das Schiff verlassen, folgt sie ihnen in das Gasthaus in der Hoffnung, „daß die Schweden sie anhauen und daß sie die Chance bekommt, mitgenommen zu werden.“ (S. 76). Gregor betritt das Gasthaus kurz nach ihr.

Judith (Abschnitt 24)

Judith ist ins Gasthaus zurückgekehrt. Die Atmosphäre dort spiegelt die Situation in Deutschland während der 1930er-Jahre wider: An der Wand hängt „ein Bild des Führers der Anderen“ (S. 81), das als ‚gemeines, vollkommen seelenloses Bastardgesicht‘ (vgl. ebd.) charakterisiert ist. Das Radio spielt Schlager von Zarah Leander. Dort fällt Judith zum ersten Mal Gregor als „junger Mann in einem grauen Anzug“ (S. 82) ins Auge, ohne dass sich ein Kontakt ergeben würde; er wird immer nur beiläufig und scheinbar unbeteiligt erwähnt.

Judith kommt mit den Seeleuten in Kontakt

Judiths Aufmerksamkeit ist geteilt zwischen dem Wirt und den schwedischen Seeleuten. Ihr Pass wird wieder zum Thema, wobei der Wirt sich mittlerweile mehr auf die Möglichkeit eingestellt hat, diesen als Vorwand zu benutzen, um sie nachts im Zimmer aufzusuchen. Um Zeit zu gewinnen, lässt Judith sich zum Schein darauf ein, ärgert sich aber gleichzeitig über sich selbst, weil sie in ihrer Naivität immer wieder Fehler macht.

Als einer der schwedischen Seeleute sie anspricht und ihr einen Schnaps spendieren möchte, kommt es zum Streit mit dem Wirt. Der Seemann lädt Judith auf das Schiff ein, da sie dort Whisky hätten. Der Wirt sieht seine Chancen auf ein Abenteuer mit der jungen Frau schwinden und mischt sich ein. Da Judith die Absicht, mit dem Schweden mitzugehen, zu erkennen gibt, beschimpft der Wirt sie als „Flittchen" (S. 87). Als es daraufhin fast zur Schlägerei zwischen den Seeleuten und dem Wirt kommt, rettet Gregor die Situation, indem er nach dem Wirt ruft und ihn nach einem Zimmer fragt. Der immer noch aufgebrachte Wirt sagt ihm Judiths Zimmer zu und setzt diese damit im gleichen Augenblick vor die Tür. Judith erwägt tatsächlich, den Koffer gleich mitzunehmen, aber der junge Schwede hat sie nicht verstanden und zieht sie gleich mit sich.

Der Wirt spekuliert auf ein Abenteuer mit Judith

Gregor beobachtet sie unbemerkt

Auf dem Schiff stellt sich der junge Mann als der Steuermann des Schiffes heraus, der allerdings sein Versprechen mit dem Whisky nicht einlösen kann, da er den Schlüssel für den Schrank nicht hat. Während Judith sich in Gedanken selbst verachtet für ihr Verhalten, sich möglicherweise wie eine „Hafendirne" (S. 89) bei dem Seemann zu prostituieren, stellt sich heraus, dass dieser ein sehr schüchterner Mann ist, der gar nichts von ihr will, sondern sie scheinbar schnell wieder loswerden möchte. Statt des versprochenen Whiskys kann er Judith nur Limonade servieren. Als Judith erkennt, dass die Situation keinen Hauch von Romantik enthält, kippt ihre frühere Hoffnung in Verzweiflung um. Mit einer Mischung aus hysterischem Lachen und Weinen verlässt sie den Seemann und das Schiff.

Judiths Hoffnung auf eine Fluchtmöglichkeit zerplatzt

Gregor fängt an, als zentrale Figur die Fäden der Handlung zu ziehen. Es zeichnet sich ab, dass es eine Rettung für den „Lesenden Klosterschüler" geben wird. Wenn Knudsen sich auch zu weigern scheint, ist er bislang jedoch nicht zum Fischen aufgebrochen. Judith ist am Tiefpunkt ihrer Hoffnungen angelangt, aber sie weiß noch nicht, dass Gregor sie bereits ins Auge gefasst und in sein Netz von Beziehungen integriert hat. Die Gedanken des Jungen legen diese Wandlungen offen: Statt der negativen Gründe, warum man fort will oder muss, kommt die Aktion als positives Ziel in den Blick.

Vierter Teil: Vorbereitungen

Die Durchführung der Aktion beginnt	➟ Knudsen hat einen Plan für den Ablauf der Aktion. ➟ Nach anfänglichen Zweifeln entscheidet sich Helander für die Durchführung der Aktion. ➟ Gregor spricht Judith an und bezieht sie in die Aktion ein. ➟ Die Holzplastik wird verpackt und auf den Weg nach Schweden gebracht.

Gregor • Knudsen (Abschnitt 26)

In dieser Situation zeigen sich Gregors Talent und seine Ausbildung zum Instrukteur. Strategisch geschickt zieht er die Fäden und manipuliert die Leute. Zum Schein nimmt er das Zimmer im Gasthof. Der verärgerte Wirt möchte ihm das Zimmer Judiths geben, da er die „Nutte" (S. 96) vor die Tür setzen werde. Aber Gregor wiegelt ab und sagt, dass Judith nur etwas erleben wolle und bestimmt wiederkomme. Auf diese Weise sucht er den Wirt daran zu hindern, zu früh die Polizei zu verständigen, und verschafft sich und Judith Zeit (vgl. S. 97). Seiner Einschätzung nach wird der Wirt durch die Schweden beschäftigt sein und daher erst später merken, dass auch Gregor nicht zurückgekommen ist.

Gregor zieht die Fäden

Auf jeden Fall ist er zufrieden, dass es seine Aktion sein wird (vgl. ebd.) und nicht eine der Partei, bei der er wie ein Schachspieler „mit seinen Figuren [...] ziehen" (S. 97 f.) würde. Dieses Gefühl wird dadurch verstärkt, dass die Aktion wegen des ‚ziemlich schönen Mädchens mit langen schwarzen Haaren' (vgl. S. 97) für ihn „Romantik" (ebd.) bereithalten würde.

Gregors eigene Aktion

Draußen trifft er Knudsen auf seinem Kutter an. Erneut vollzieht sich der Dialog auf zwei Ebenen: Die gedankliche Ebene enthüllt immer wieder die „Antipathie" (S. 102) der beiden zueinander und das Nachdenken über die eigene Motivation für die Aktion. Nach einem kurzen Lob darüber, dass Knudsen gewartet habe, besprechen sie das Vorgehen, wie sie die Holzfigur auf Knudsens Schiff schmuggeln könnten. Knudsen hat sich alles schon genau überlegt. Er will zum Schein auslaufen. Gregor soll dann nach Mitternacht mit der Figur zur Lotseninsel kommen, wo der Junge ihn mit dem Beiboot

Knudsens Pläne für die Aktion

der „Pauline“ erwarten werde. Zusammen mit dem Jungen soll Gregor das Beiboot dann über das Haff zu einem geschützten Treffpunkt rudern. Das Beiboot müsse dort liegen bleiben und Gregor könne über die Halbinsel wieder zurück zum Festland gelangen. Knudsen verheimlicht nicht, dass die Gefahr besteht, von den Suchscheinwerfern eines Patrouillenboots entdeckt zu werden. Gregor erkennt aus Knudsens Darstellung des Plans, dass dieser ihn keinesfalls nach Schweden mitnehmen möchte. Andererseits erkennt Knudsen innerlich an, dass Gregor ihn nicht weiter anbettelt (vgl. S. 104), ihn nach Schweden mitzunehmen. Gregor verheimlicht Knudsen zu diesem Zeitpunkt noch, dass er Judith mitbringen wird, da er befürchtet, dass Knudsen dann doch noch abspringen könnte.

Gregor sagt nichts von Judith

Als Knudsen später mit dem Jungen ausläuft, ist es elf Uhr. In diesem Moment erlöschen im Hafen alle Lichter und die beiden Türme verschwinden im Dunkeln. Im Moment der Aktion verlieren auch die beiden „Monstren“ (S. 106) ihre erschreckende Wirkung.

Der Junge (Abschnitte 27, 29, 31)

Der Tonfall des Jungen hat sich verändert. Nicht mehr der Missmut über seine Situation in Rerik bestimmt nun sein Denken, sondern die Erregung über das bevorstehende Abenteuer. Dass sie jemanden an Bord holen und heimlich über das Haff bringen, macht ihn „gespannt“ (S. 107). Weil Knudsen ihn nicht über weitere Hintergründe informiert hat, macht er sich nun Gedanken über die Aktion und findet es toll, dass es im normalen Leben scheinbar doch Abenteuer gibt wie in den Romanen. Gleichzeitig steigt damit seine Bewunderung für Knudsen: „Toll, dachte der Junge, und so was machte Knudsen.“ (S. 116) Da er daraus schließt, dass sie über die See fahren werden, wittert er dahinter auch eine Chance für sich.

Der Junge hofft auf eine Chance zur Flucht

Helander (Abschnitt 28)

Dieser Abschnitt enthält wenig äußere Handlung und schildert vor allem Helanders Gedanken und innere Widersprüche. Die Wunde an Helanders Bein hat sich verschlimmert und muss umgehend in der Klinik behan-

Helanders Wunde verschlimmert sich

delt werden. Er hat jedoch den Krankenwagen, den der Arzt für ihn bestellen wollte, abgelehnt und zweifelt nun, ob er ein Taxi für diese Fahrt rufen soll. „Die klare Verkündung der Todesgefahr" (S. 109) hat er gewollt. Ihm ist klar, dass er die Wahl zwischen zwei fatalen Möglichkeiten hat: „Die Nacht über hier bleiben, heißt: den *Klosterschüler* retten. Den *Klosterschüler* retten heißt: morgen früh abgeführt werden. In ein Konzentrationslager mit dem Tod im Bein." (Ebd.) Er kann aber auch das Taxi rufen und sich in die Klinik bringen lassen. Dann wird am nächsten Morgen der „Lesende Klosterschüler" beschlagnahmt, aber er kann noch eine Weile mit seiner Krankheit und Verletzung weiterleben: Er kann „das Klinikbett statt des Martyriums" (S. 110) wählen. Doch wie er sich auch entscheidet, ist es falsch. Bleibt er, wird „das Schweigen noch lähmender sein" (ebd.), und er opfert sich selbst für eine leblose Holzfigur (vgl. S. 111). Er hat Angst vor der „Folter" (ebd.), die er sich lebhaft ausmalt. Die Leute werden seine Verhaftung nicht verstehen. Wenn er die Klinik wählt, kann er auf ihr Verständnis rechnen, verrät aber sein „Heiligtum".

Helanders Zweifel und Ängste

Zweifel an Gott

Dieser Gewissenskonflikt des Priesters gerät ihm wieder zum grundlegenden Ringen um Gott. Wieder sehnt er sich nach einem offenbarenden Zeichen Gottes. Da dieses aber ausbleibt und „keine noch so geringfügige Botschaft in unsichtbarer Tinte" (S. 110) auf der Backsteinmauer erscheint, leidet er unter dieser „größten überhaupt denkbaren Ferne" (S. 112) Gottes. Zwar gehört diese Überzeugung zur „Lehre des großen Kirchenmannes aus der Schweiz, der Helander anhing" (ebd.; gemeint ist der Schweizer Theologe Karl Barth, vgl. S. 75 der vorliegenden Lektürehilfe), aber in dieser Nacht der Verzweiflung erfährt er das am eigenen Leib besonders schmerzhaft.

Entscheidung für die Aktion und die Lebensgefahr

Schließlich entscheidet er sich dafür dazubleiben, weil er die Hoffnung auf die Nähe Gottes nicht ganz aufgegeben hat: „wenn ich den Telefonhörer nicht abnehme, dann ist Gott vielleicht gar nicht so fern" (S. 114). Er sieht es als seine Aufgabe an, gegen „das Reich der Anderen [...] das Reich des Bösen" (S. 113) zu kämpfen und den kleinen Mönch, „das innerste Heiligtum meiner Kirche", nicht „den Teufeln zu überlassen" (ebd.).

Judith • Gregor • Helander (Abschnitt 30)

Gregor zeigt sich in diesem Abschnitt wieder als derjenige, der die Fäden in der Hand hält und sowohl die Personen als auch Situationen genau einschätzen kann. Er „sammelt" die beiden bedrohten Opfer, Judith und den „Klosterschüler", ein und beginnt damit, sie außer Landes zu schaffen. Als Judith nach ihrem misslungenen Abenteuer auf dem Frachter wieder am Kai des Hafens steht, spricht Gregor sie an. Indem er ihr als Fremder Dinge auf den Kopf zusagt, die er über sie weiß oder vermutet, gelingt es ihm, sie dermaßen zu verblüffen, dass sie ohne großes Zögern mitkommt. Er kann sie davon überzeugen, dass sie nicht mehr in den Gasthof zurückkehrt, um ihre Sachen zu holen, da sie außer Geld, das sie dabeihat, nichts brauche.

Gregor spricht Judith an

Der Leser erfährt hier durch Judiths Augen etwas über Gregors Äußeres. Sie kann sich erinnern, dass er der unscheinbare junge Mann aus der Gaststube ist. Er führt sie in die Georgenkirche und stellt ihr in Aussicht, dass er ihr eine Fluchtmöglichkeit beschaffen könne. Die Holzplastik, die er ihr in der Kirche zeigt, solle morgen außer Landes gebracht werden und sie könne mitfahren.

Gregor bietet Judith eine Fluchtmöglichkeit an

Gregors Verhältnis zu Judith ist zwiespältig. Auf der einen Seite ist Judith als „verwöhntes junges Mädchen aus reichem jüdischem Haus" (S. 124) ein Mitglied jener Klasse, die er als Kommunist eigentlich bekämpft. Daher behandelt er sie ziemlich schroff, fast beleidigend. Und er fühlt sich unbehaglich in seiner ‚klassischen Rolle' „als der junge Mann, der sich vor ein junges Mädchen stellte" (S. 124). In dieser Situation erinnert er sich auch an seine Freundin Franziska, mit der er in der Lenin-Akademie zusammen gewesen ist. Nach seiner Rückkehr aus Tarasovka hatte er sie nicht mehr angetroffen, weil sie wegen angeblichen Verrats einer Säuberungsaktion zum Opfer gefallen war. Im Vergleich zu der von ihm als „verwöhntes und törichtes Geschöpf […], ein bourgeoises Ding" (S. 130) verachteten Judith empört er sich jetzt im Rückblick darüber, „daß er Franziska nicht hatte helfen können, während er diese Unbekannte retten sollte." (Ebd.)

Gregors zwiespältiges Verhältnis zu Judith

Verachtung für Judith

Auf der anderen Seite hat er ja schon, bevor er sie angesprochen hat, „Romantik" verspürt. Und so kommt es in

Verliebtheit

der dunklen Kirche dann auch fast zu einem Kuss zwischen den beiden, der nur durch das Eintreffen Helanders verhindert wird. Dann ärgert sich Gregor, dass er sich nicht „gegen die Funktion des Fleisches" (S. 131) gewehrt hat und nicht „kalt" geblieben ist.

Judiths Erkenntnis der Realität

Im Hinblick auf Gregor verabschiedet sich Judith ihrerseits von einem romantischen Traum. Nicht die jungen Männer aus dem Tennisclub oder die ‚schmissigen Seeoffiziere, die Kavaliere mit den intakten Ehrbegriffen' (vgl. S. 127) haben ihr Hilfe geboten, sondern dieser unscheinbare junge Mann mit seinem ‚unauffälligen Gesicht, das einem Automonteur gehören konnte' (vgl. S. 126) erweist sich als ihr wahrer Retter.

Helander ist überrascht, Judith bei Gregor anzutreffen. Aber sie klärt ihn über die Situation auf, so dass er keine Einwände gegen ihre Anwesenheit hat, sondern sich über Gregors Tüchtigkeit wundert. Aus Judiths Geschichte von dem Selbstmord ihrer Mutter bezieht er eine Erkenntnis, die sein Schicksal besiegelt: „Selbstmord hieß also eine mögliche Antwort auf eine Frage, die nicht zu beantworten war." (S. 133 f.)

Aufbruch

Mit Judiths Hilfe verpackt Gregor die Holzplastik und macht sich mit seinen beiden Schützlingen auf den Weg.

Fünfter Teil: Flucht

Durchführung der Aktion	
	➟ Mit einem Boot bringen Gregor und der Junge Judith und die Figur zu Knudsens Kutter. ➟ Dabei werden sie beinahe von einer Polizeipatrouille erwischt. ➟ Gregor muss Knudsen mit Gewalt zwingen, Judith mitzunehmen. ➟ Knudsen bringt Judith und den „Klosterschüler" sicher nach Schweden. ➟ Helander stirbt in einem Schusswechsel mit der Polizei. ➟ Gregor macht sich wieder auf seinen eigenen Weg. ➟ Der Junge gibt seine Fluchtpläne auf und kehrt mit Knudsen zurück.

Judith • Gregor (Abschnitt 32)

Spannungs-höhepunkt

Dieser Abschnitt bringt in der äußeren Handlung den Spannungshöhepunkt der Geschichte. Judith und Gregor erreichen mit der verpackten Holzplastik den von Knudsen bezeichneten Treffpunkt, wo der Junge sie erwartet. Auf der Erzählebene der inneren Vorgänge beschäftigen Gregor und Judith sich mit dem versäumten Kuss. Gregor ärgert sich zunächst über diese Schwäche: „blöd von mir, daß ich mich beinahe auf einen Kuß eingelassen hätte, ich habe mich damit eines Vorteils beraubt" (S. 139). Später auf dem Ruderboot ärgert er sich dann aber über die verpasste Gelegenheit: „und auf einmal überfiel ihn der Gedanke, daß es ein sehr schöner, ein vielleicht hinreißender und alles verändernder Kuß hätte sein können [...]. Ich habe etwas versäumt, ich habe falsch gedacht" (S. 144).

Ärger über den verpassten Kuss

Judith fühlt sich auf dem Weg durch die Nacht an Ferienerlebnisse in ihrer Jugend erinnert. Während ihr Vater die Schönheit des Momentes damals durch das Rezitieren von Goethe-Gedichten feierte, macht die Situation hier „Angst" (S. 140), da ihr Gregor mit seinem fremdartigen Verhalten ein Rätsel bleibt.

Nähe der Personen

Auf dem Boot führt der Erzähler die Gedanken der Personen noch näher zusammen: Gregor sieht das Leuchtfeuer in Judiths Augen gespiegelt, gleichzeitig macht sie sich Gedanken um seine Augenfarbe. Als ihr in den Sinn kommt, dass sie seinen Namen gar nicht kennt, fragt er sie nach ihrem Namen. Sie nennt ihren, von ihm erfährt sie nur seinen Decknamen in der Partei „Grigorij" (S. 144). Das Erlebnis mit Judith entfremdet Gregor weiter von seiner Ideologie:

> [...] ich bin ein Revolutionär, aber ich glaube an nichts, ich habe Sie beschimpft, aber ich bedaure, Sie nicht geküßt zu haben. [...] Ich habe alles falsch gemacht, sagte er. Nein, erwiderte Judith, Sie retten mich doch. Das ist zu wenig, dachte Gregor; man kann alles richtig machen und dabei das Wichtigste versäumen. (S. 145)

Der Junge wundert sich zunächst über die Anwesenheit Judiths, da Knudsen ihm nichts von ihr gesagt hat. Gregor hilft dem Jungen das Boot über das Haff zu rudern. Sie halten es dicht unter Land, damit sie nicht von ei-

Gefahr durch Patrouillenboot

nem Polizeiboot entdeckt werden. Doch trotz der Vorsicht geraten sie in Gefahr. Das Polizeiboot taucht auf und sie sind zu nahe an der Fahrrinne. Aus Leibeskräften versuchen Gregor und der Junge das Boot aus der Gefahrenzone zu rudern, aber der Suchscheinwerfer des Polizeiboots kommt immer näher. In dieser Situation erweist sich der Junge als wichtiges Glied in der Kette der Helfenden. Mit Geschick und Kraft steuert er das Boot, seine Erfahrung lässt ihn die Situation treffsicher einschätzen. Mit knappen Befehlen treibt er die anderen beiden an.

Gregor macht sich schon Gedanken, ob er den „Klosterschüler" über Bord werfen soll, wenn sie vom Polizeiboot entdeckt werden. Aber ihm ist schnell klar, dass das nichts bringen würde, da einerseits die Figur schnell gefunden würde und andererseits Judith mit dem jüdischen Pass anwesend ist.

Der Suchscheinwerfer kommt näher

Die Situation spitzt sich zu, als der Suchscheinwerfer immer näher kommt. Plötzlich passiert das Unerwartete: Bevor der Scheinwerfer das Beiboot erfasst, erlischt er und leuchtet ein Stück weiter erst wieder auf. Für manche Kritiker liegt hierin eine Schwäche der Erzählung, weil ein unwahrscheinlicher Zufall den Personen der Geschichte zu Hilfe kommt. Möglicherweise dient das Element Zufall aber als Gegenbeweis gegen die Macht der Ideologie, wie Gregor es sich bewusst macht: „es gibt also etwas, was man Zufall nennen kann, dachte Gregor, obwohl es nach dem Dogma der Partei keinen Zufall gibt […]." (S. 149) Diese Äußerung bestätigt Gregor in seiner Abtrünnigkeit von der Partei. Nach dem Spannungshöhepunkt erreicht die Gruppe unbehelligt die Lotseninsel.

Zufall versus Dogma

Knudsen • Gregor • Judith (Abschnitt 34)

Knudsens geheimer Plan

Knudsen macht in der Zwischenzeit seinen Kutter an der Lotseninsel fest und denkt noch einmal darüber nach, wie er es anstellen kann, dass er mit der Aktion kein Aufsehen in Rerik erregt. Den Weg nach Schweden wird er ohne Probleme in der zur Verfügung stehenden Zeit bewältigen, aber es wird zu Hause auffallen, wenn er ohne Fische zurückkommt.

Wegen dieser zu erwartenden Schwierigkeiten erwägt

er, die Holzplastik auf See über Bord zu werfen, zu fischen und dann zurückzukehren. Gregor und die anderen kommen beim Kutter an und Gregor übergibt Knudsen die Figur. Als Knudsen aber erfährt, dass er Judith, von der bisher nicht die Rede gewesen ist, auch mitnehmen soll, weigert er sich. Seine Wut auf die Partei und damit auf Gregor flammt wieder auf. Es kommt zum heftigen Streit. Knudsen behauptet, Judith sei Gregors Mädchen, und vermutet, dass Gregor ihn auf diese Weise dazu bringen will, ihn gleichfalls mitzunehmen. Gregor kontert: „Ich fahre auf keinen Fall mit. Ich brauch' dich nicht, um rauszukommen." (S. 156)

Streit zwischen Gregor und Knudsen

Knudsen will Judith auf keinen Fall mitnehmen, weil sonst sein heimlicher Plan, die Figur über Bord zu werfen, nicht funktionieren würde. Er wendet sich zum Gehen. Gregor beginnt daraufhin eine Schlägerei. So will er Knudsen ausschalten und mit dessen Kutter, gegebenenfalls mit Hilfe des Jungen, die Fahrt über die Ostsee durchführen. Gregor gewinnt den Zweikampf, Knudsen bleibt angeschlagen liegen.

Gregor fragt den Jungen, der überraschenderweise Knudsen nicht geholfen hat, ob er das Boot auch allein nach Schweden bringen könne, was dieser bejaht. Damit muss Gregor den heimlichen Gedanken, mit Judith die Ostsee zu überqueren, aufgeben. Er will den Jungen und Judith losschicken, aber Judith weigert sich, Knudsen sein Boot wegzunehmen.

Als Knudsen begreift, dass Gregor tatsächlich nicht mitfahren will, erklärt er sich bereit, Judith mitzunehmen. Gregor erkennt daraus Knudsens Hass auf ihn. Knudsen relativiert seine Abneigung gegen Gregors Desertion, indem er sich die Parallele zwischen ihnen wieder bewusst macht: „ich kneife ja auch." (S. 160) Wenn sie sich schon von der Partei abwenden, sei es besser, „solche Sachen wie die, zu der er mich heute gezwungen hat, Sachen ohne die Partei, private Sachen" (ebd.) durchzuführen. Er bietet Gregor jetzt an mitzukommen, dieser lehnt jedoch ab. Auch Judiths Aufforderung, sie zu begleiten, kommt Gregor nicht nach.

Gregors Weigerung mitzufahren

Das Boot legt ab, Gregor bleibt zurück. Er spürt seine Müdigkeit, gräbt sich im Sand ein und schläft etwas. Gegen Morgen erwacht er und macht sich auf den Rückweg. Dieser Rückweg wirkt wie ein Aufbruch zu Neuem:

Gregors Aufbruch zu einem neuen Weg

> Das graue Morgenlicht erfüllte die Welt, das nüchterne, farblose Morgenlicht zeigte die Gegenstände ohne Schatten und Farben, es zeigte sie beinahe so, wie sie wirklich waren, rein und zur Prüfung bereit. Alles muß neu geprüft werden, überlegte Gregor. (S. 163)

Helander (Abschnitt 36)

In diesem Abschnitt wird Helander zu einer zentralen Figur für das Verständnis des Romans. In der Zwischenzeit hat er eine unruhige Nacht in seinem Studierzimmer auf dem Sofa zwischen Schmerzen, Halluzinationen, wirren Träumen und Gewissenskämpfen verbracht. Sein Bein schmerzt und er nimmt mehrfach Medikamente, die ihn immer wieder einschlafen lassen. Doch er wacht wiederholt auf und erinnert sich an schwere Träume von seinen Erlebnissen im Ersten Weltkrieg, von seiner Ehe, von einer Selbstmörderin und dem Totenreich. Früher waren die wiederkehrenden Träume für ihn Offenbarungen: „meine stärksten Gottesbeweise [...], denn immer wenn ich aus ihnen aufwachte, war mein erster Gedanke, noch im Halbschlaf: ich habe in einer Welt gelebt, die erlöst werden muß." (S. 169) Heute aber quälen ihn seine Traumvisionen stärker, rauben ihm die Heilszuversicht und vermischen sich mit seinen Glaubenskämpfen:

Helanders wirre Träume

Helanders Gewissenskämpfe

Helanders Vision von der Hölle

> Helanders Träume waren Symbole unterdrückter Triebe, Bilder von Liebe und Tod. [...] ihre Handlung war nicht so wichtig wie ihre Stimmung, die ihn in eine Welt aus Ödnis, Schmutz, Dämmerung, Kälte und Hoffnungslosigkeit einschloß und zuletzt in eine furchtbare Leere [...] wenn es eine Hölle gibt, so muß dies die Hölle sein. Die Hölle, das war nicht ein Raum aus Hitze und Feuer, ein Raum, in dem man brannte – die Hölle war ein Raum, in dem man fror, sie war die absolute Leere. Die Hölle war der Raum, in dem Gott nicht war. (Ebd.)

Helander beobachtet Gregors Rückkehr

Gegen sechs Uhr sieht er aus dem Fenster und beobachtet, wie Gregor von der Aktion zurückkommt und sein Fahrrad nimmt, um zu verschwinden. Gregor gibt dem Pfarrer ein heimliches Zeichen, das den Erfolg der Aktion andeutet, und Helander ist erleichtert. Dann macht er sich den Unterschied zwischen sich und dem Atheisten Gregor bewusst:

> Sie sind keine Persönlichkeiten, dachte Helander, sie haben den Ehrgeiz, das Richtige zu tun und nicht aufzufallen. Sie glauben an nichts mehr, dieser junge Mensch glaubt nicht mehr an seine Partei, und er wird niemals an die Kirche glauben, aber immer wird er bemüht sein, das Richtige zu tun, und weil er an nichts glaubt, wird er es unauffällig tun und sich aus dem Staub machen, wenn er es getan hat. Was aber treibt ihn an, das Richtige zu tun? fragte sich der Pfarrer, und er gab sich selbst die Antwort: Das Nichts treibt ihn an, das Bewußtsein, in einem Nichts zu leben, und der wilde Aufstand gegen das leere, kalte Nichts, der wütende Versuch, die Tatsache des Nichts, dessen Bestätigung die Anderen sind, wenigstens für Augenblicke aufzuheben. (S. 170 f.)

Helanders Ringen um Gott

Im Gegensatz dazu ist er trotz seiner Zweifel immer noch mit seinem Gott verbunden: „Irgendein verrückter Eigensinn läßt mich noch an jenen Herrn glauben, der sich in Honolulu oder auf dem Orion befindet, ich glaube an die Ferne Gottes, aber nicht an das Nichts“ (S. 171).

Helanders Plan: „Suicide by cop“

Helander hat einen Plan für die bevorstehende Situation gefasst: Er will auf die Beamten der Polizei, die kommen würden, um den „Klosterschüler“ zu beschlagnahmen, schießen, um sich erschießen zu lassen, also einen Selbstmordversuch begehen, in dem er sich so verhält, dass die Polizisten die Gegenwehr eröffnen müssen. Innerlich hat er mit dem Leben abgeschlossen: „Auf einmal ertappte er sich dabei, daß er von sich in der Vergangenheitsform dachte.“ (S. 168)

Erneut zeigt sich, dass Helander mit seinem Gott noch nicht abgeschlossen hat. Während er den Anschlag auf die Polizisten vorbereitet und seine Pistole lädt, fragt er sich: „Aber muß ich töten, ehe ich getötet werde?“ (S. 173) Seine Antwort lautet zunächst: „Ich werde töten, um Gott zu züchtigen.“ (S. 174) Erst wenige Sekunden vor seinem Tod wird er sich seiner Anmaßung bewusst: „Wie dumm von mir, dachte der Pfarrer, zu denken, ich schösse, um Gott zu züchtigen. Gott läßt mich schießen, weil er das Leben liebt.“ (S. 176)

Helanders Plan geht auf, er sieht die Männer in Uniform zuerst in die Kirche gehen und dann zu seinem Haus kommen. Mit dem Rücken an das Fenster gelehnt erwartet er sie.

> [U]nd plötzlich wußte der Pfarrer, warum er sich entschlossen hatte, zu schießen. Er hatte sich entschlossen, zu schießen, weil die Salve aus seiner Trommelpistole die Starre und Trostlosigkeit der Welt durchbrechen würde. In den Feuerstößen aus seiner Pistole würde die Welt für die Dauer von Sekundenbruchteilen lebendig werden. (S. 175 f.)

Helanders Tod im Schusswechsel

Helander schießt den ersten Polizisten nieder, die anderen gehen in Deckung und schießen zurück. Im Moment seines Todes erlebt Helander die Offenbarung, auf die er so lange gewartet hat:

Vision von der Schrift auf der Wand

> Herrgott, erinnerte er sich plötzlich, die Schrift! Jetzt muß sie doch erscheinen, die Schrift auf der Wand meiner Kirche. Die Schrift, auf die ich mein Leben lang gewartet habe. Er wandte sich um und blickte auf die Wand, und während er die Schrift las, spürte er kaum, wie das Feuer in ihn eindrang, er dachte nur, ich bin lebendig, als die kleinen heißen Feuer in ihm brannten. Sie trafen ihn überall. (S. 176)

Der Junge (Abschnitte 31, 33, 35, 37)

Zentrale Rolle des Jungen bei der Rettung

Mit dem Beginn der eigentlichen Flucht rückt der Junge ins Zentrum des Geschehens, da er bei der Durchführung der Rettungsaktion einen maßgeblichen Anteil hat. Er versteht zwar nicht so recht, worum es dabei geht, aber das spielt für ihn keine Rolle; er ist vor allem auf seine Chance wegzukommen fixiert, die er durch die Aktion gekommen sieht: „Wenn sie rauskommt, komme ich auch raus." (S. 151)
Später wird ihm klar: „das ist 'ne politische Sache" (S. 164). Er begreift auch, dass Judith eine Jüdin ist, aber „er wußte von Juden nur, was sie ihm in der Schule erzählt hatten, aber er verstand plötzlich, daß Juden so etwas Ähnliches waren wie Neger, das Mädchen spielte hier an Bord genau die gleiche Rolle wie der Neger Jim für Huckleberry Finn, sie war jemand, den man befreien mußte." (Ebd.)

Die Erfahrung der Lektüre hilft dem Jungen, humaner auf die Welt zu reagieren, als ihm dies durch die ideologische Indoktrination in der Schule gelungen wäre. Als er Judith fragt, warum der „Klosterschüler" nach drüben müsse, erkennt der Junge ein Parallele zwischen sich und der Figur: „Er liest alles, was er will. Weil er alles liest, was er will, sollte er eingesperrt werden. Und deswegen muß er jetzt wohin, wo er lesen kann, soviel er will. – Ich lese auch, was ich will, sagte der Junge." (S. 165) Weil Judith begreift, dass der Junge drüben bleiben will, appelliert sie an sein Verantwortungsgefühl: „Das kannst du nicht! […] stell dir vor, wenn er ohne dich zurückfahren muß, dann ist er doch geliefert. Was soll er ihnen denn erzählen, wo du geblieben bist? […] Wenn du nicht zurückkommst, so werden sie wissen, daß er im Ausland gewesen ist, und sie werden ihn verhaften" (ebd.). Zunächst verharrt der Junge noch in seinem starrsinnigen Traum.

Judiths Appell an seine Verantwortung

Als Knudsen und Judith in Schweden das Schiff verlassen haben, stiehlt er sich heimlich davon. In einem Wald findet er sein perfektes Abenteuer: eine Blockhütte mit Boot an einem See. Die Hütte steht offen und der Junge richtet sich darin ein. Er fängt mit Hilfe des Bootes Fische und kocht sie. „Sie schmeckten nach nichts, weil er kein Salz hatte." (S. 178) Danach macht er Pläne, wie er nach Amerika oder Sansibar kommen könnte. Doch einige Zeit später „entschloß [er] sich, zum Strand zurückzugehen und nachzusehen, ob Knudsen abgefahren war. Erst wenn Knudsen abgefahren ist, dachte er, bin ich wirklich frei." (Ebd.)

Die Flucht des Jungen

Abenteuer in Schweden

Doch Knudsen ist nicht abgefahren, der Junge findet ihn auf seinem Kutter wartend vor. „Der Junge blickte nicht mehr in den Wald zurück, als er den Steg betrat. Er schlenderte auf das Boot zu, als sei nichts geschehen." (S. 179) Er verabschiedet sich von seinem Jugendtraum und tritt ins Erwachsenenalter ein, indem er Verantwortung für seine Mitmenschen übernimmt. Er hat erkannt, dass die Utopie, die er sich immer herbeifantasiert hatte, nicht das wahre Abenteuer ist. Die Erwachsenen haben ihm vorgemacht, dass das spannendste Abenteuer im täglichen Kampf für eine humane Welt zu finden ist.

Rückkehr zu Knudsen

Erzähltechniken

Moderne Erzähltechniken	➞ Unvermittelter Beginn ➞ Mischung aus personalem und auktorialem Erzählverhalten ➞ Unmittelbare Konfrontation des Lesers mit den Personen ➞ Erlebte Rede ➞ Blick aus der Perspektive der Personen ➞ Verweigerung einer absoluten Wahrheit ➞ Vereinzelung der Personen im totalitären Staat

Das Erzählverhalten

Erzähler als fiktive Figur

Auch wenn sie oft nicht deutlich in Erscheinung tritt, ist die Figur des Erzählers neben den Handlungspersonen ein wichtiger Bestandteil der erzählenden Dichtung. Genau wie die Handlungsfiguren ist diese Figur fiktiv, was an einem Ich-Erzähler, der über sich und andere Figuren erzählt, oder einem auktorialen (allwissenden) Erzähler besonders erkennbar wird.

Ähnlich wie bei einem Film das Verhältnis der Kamera zum Geschehen die Aufmerksamkeit und Wahrnehmung des Zuschauers lenkt, sind auch der Blickwinkel und der Abstand des Erzählers zum Geschehen bedeutsam. Der auktoriale Erzähler verfügt über den größten Blickwinkel und Abstand vom Geschehen. Er ist allwissend und kann souverän über die Personen, die Zeit und die Szenerie verfügen. Oft bezieht er den Leser durch direkte Anreden in den Akt des Erzählens ein.

Unvermittelter Beginn

Davon unterscheidet sich der Beginn von *Sansibar* (vgl. S. 7) deutlich: Der Roman setzt völlig unvermittelt ein; der Leser wird sofort mit den Gedanken einer Figur konfrontiert, ohne vorher über diese Person informiert worden zu sein. Die Fragen nach dem Ort, der Zeit und den Personen der Handlung bleiben offen, der Leser muss sich die Angaben aus dem Kontext erschließen und findet auch hier erst nach und nach weitgehend unpräzise

Vage Angaben

Einzelheiten: Die Frage „Wer?“ wird sehr vage mit „Der

Junge“ beantwortet. Als Ort lässt sich irgendwo an der Ostsee, an der Treenebrücke, vermuten. Die Zeit wird durch die fallenden Blätter indirekt mit Herbst angegeben. Eine genaue Orts- und Zeitangabe unterbleibt.
Zunächst und in den folgenden Abschnitten gerät immer nur jeweils eine Person in den Blick des Lesers, der aufgrund der Innenperspektive direkt mit dem Innenleben der jeweiligen Person konfrontiert ist und Informationen über die Außenwelt nur durch deren Augen erhält. Für die Wiedergabe der Gedanken findet sich einerseits die direkte Rede mit dem Perspektivensignal „dachte er“, im Falle des Andersch-Romans allerdings ohne die üblichen Satzzeichen: „Der Mississippi wäre das Richtige, dachte der Junge [...].“ (S. 7) Daneben findet sich die Form der erlebten Rede: „Man durfte es nicht so machen wie Vater, der weg gewollt hatte, aber immer nur ziellos auf die offene See hinausgefahren war.“ (Ebd.) Hier werden die Gedanken der Romanfigur in der 3. Person Indikativ, Präteritum wiedergegeben.

Wiedergabe von Gesagtem und Gedachtem

Erlebte Rede

Zum Vergleich: Die Wiedergabe als indirekte Rede müsste über einen Redebegleitsatz verfügen und im Konjunktiv stehen: „Er dachte, man dürfe es nicht so machen wie der Vater, der weg gewollt habe, aber immer nur ziellos auf die offene See hinausgefahren sei.“ Die Wiedergabe als direkte Rede stünde zwar auch im Indikativ, aber im Präsens und in der 1. Person: „Er dachte: ‚Ich darf es nicht so machen wie Vater, der weg gewollt hat, aber immer nur ziellos auf die offene See hinausgefahren ist.‘“

Die Wiedergabe der Wahrnehmungen und Gedanken hat auch keinen logischen Zusammenhang, sondern bildet eine Kette von Assoziationen; die Gedanken werden oft durch zufällige äußere Wahrnehmungen ausgelöst, folgen ohne Anfang und Ende aufeinander und ihre Dauer ist unbestimmt. Damit übersteigt die vorliegende Erzählung das, was man als inneren Monolog bezeichnet, und nähert sich mehr der Erzählweise, die als „Bewusstseinsstrom“ bezeichnet wird: Dabei werden Bewusstseinsinhalte einer Person direkt und unmittelbar in einer assoziativen, ungesteuerten und völlig freien Reihenfolge im Erzähltext gespiegelt.

Assoziative Verknüpfung

Bewusstseinsstrom

Personales Erzählverhalten

Ein Erzählverhalten, das den souveränen Überblick über das Geschehen aufgibt und sich der Perspektive einer oder mehrerer Personen anschließt, nennt man personale Erzählweise. Sowohl Wahrnehmung als auch Darstellung ist dabei immer nur an jeweils eine Figur gebunden. Diese Innenperspektive gibt Aufschluss über das Innere der Figur. Der Erzähler weiß also nicht mehr als die betreffende Figur. Die Perspektive kann abschnittsweise wechseln.

Mischung zwischen auktorialem und personalem Erzählen

In *Sansibar* findet sich eine Mischung aus auktorialem und personalem Erzählverhalten. Auf der einen Seite gibt es Spuren eines allwissenden Erzählers, der die Gedanken der Personen kennt („dachte er"). Auch ist die personale Perspektive in den einzelnen Abschnitten nicht konsequent eingehalten, sondern weist Brüche auf. Im Abschnitt Nr. 14 „Judith" werden plötzlich die Gedanken des Wirts berichtet: „Eine, die es mal nicht eilig hat, dachte der Wirt. Solche Mädchen hatten es meistens eilig, zu den Kirchen zu kommen." (S. 39) Knudsen dagegen erlebt später Gefühle, über deren Bedeutung der Erzähler besser Bescheid weiß als er selbst: „Er fühlte wieder die Wut, die er auf Gregor hatte. Er wußte nicht, daß es die Wut auf die Partei war, die er an Gregor ausließ." (S. 155)

Wechsel zwischen Außen- und Innensicht

An anderen Stellen zieht sich der Erzähler aber so weit zurück, dass er den Leser fast unmittelbar mit der Person alleine lässt. Außen- und Innensicht der Personen wechseln sich ab. Eine derartige unmittelbare Konfrontation des Lesers mit den Personen stärkt das Interesse an deren inneren Vorgängen, während das Interesse an den äußeren Vorgängen in den Hintergrund tritt.

Simultaneität der Personen und Ereignisse

Parallele zu Film und Hörspiel

Da den Personen zunächst jeweils eigene Abschnitte in der Erzählung gewidmet sind, die mit dem Namen der oder des Betreffenden überschrieben sind, werden die Figuren stark parallel geführt. Dabei handelt es sich um eine Technik, die an den Film oder auch das Hörspiel erinnert (Alfred Andersch hat auch Hörspiele verfasst). Damit verwischen die Grenzen zwischen den Gattungen. Für den Aufbau der Erzählung ergibt sich daraus das Problem, wie sich die einzelnen Handlungsstränge zu einem übergeordneten Handlungszusammenhang verknüpfen lassen und wie der Leser alle für das Verständnis der Zusammenhänge notwendigen Informationen erhält.

Darstellung der Außenwelt

Perspektive der Personen

Die Außenwelt wird nur durch die Augen der Personen dargestellt. Auch die Darstellung der Personen erfolgt immer durch die Wahrnehmung anderer Personen. Gregors Äußeres wird von drei Personen charakterisiert. Knudsen sieht in ihm in erster Linie den Funktionär: „Sind einfach nur harte, trainierte Burschen." (S. 52) Judith nimmt ihn zunächst nur beiläufig wahr, da er für sie noch keine Bedeutung hat: „ein junger Mann in einem grauen Anzug, ein Fremder vielleicht" (S. 82). Später, als er sie schon in seine Rettungsaktion einbezogen hat, schaut sie genauer hin und zeigt ein persönliches Interesse an dem jungen Mann:

> […] ein mageres, helles, unauffälliges Gesicht, ein Gesicht, das einem Automonteur gehören konnte oder einem Laboranten oder einem Mann, der Manuskripte entzifferte, deren Texte ihn nicht interessierten, oder einem Flieger. Etwas sehr Erfahrenes und Altes lag in diesem jungen Gesicht, und zwischen Augen und Mund hatte sich ein nüchtern hingenommener, offenbar nicht sehr schmerzhaft empfundener Leidenszug eingetragen, aber die Schläfen und das Kinn verrieten Schläue, verrieten Tempo, verlässige Schnelligkeit und Intelligenz. Den Ausdruck und die Farbe seiner Augen konnte sie nicht erkennen, aber seine Haare erkannte sie als glatt und schwarz, sie fielen ihm manchmal locker ins Gesicht, und dann mußte er sie wegstreichen. Hauptsächlich aber wirkte er unauffällig. (S. 126)

Helander dagegen verknüpft mit seiner Wahrnehmung einen Vergleich mit der eigenen Person:

> […] er ist irgendwer, ein magerer unauffälliger Mensch in einem grauen Allerweltsanzug […]. Sie sind keine Persönlichkeiten, dachte Helander, sie haben den Ehrgeiz, das Richtige zu tun und nicht aufzufallen. Sie glauben an nichts mehr, dieser junge Mensch glaubt nicht mehr an seine Partei […]. Das Nichts treibt ihn an, das Bewußtsein, in einem Nichts zu

> leben, und der wilde Aufstand gegen das leere, kalte Nichts, der wütende Versuch, die Tatsache des Nichts, dessen Bestätigung die Anderen sind, wenigstens für Augenblicke aufzuheben. […] er ist zum Nichts verurteilt und ich zum Tode. (S. 170 f.)

Darstellung der Orte

Die Orte der Handlung werden ebenfalls aus verschiedenen Perspektiven geschildert und erlauben somit auch Rückschlüsse über die Personen. Helander sucht auf der Wand des Querschiffs seiner Kirche nach der Schrift, sieht aber nur deren Farbe: „braunes Rot, schieferfarbenes Rot, gelbes Rot, blaues Rot, zuletzt nur ein einziges, dunkel phosphoreszierendes Rot" (S. 11 f.). Das wirkt wie ein neutraler Bericht.

In Judiths Wahrnehmung der Kirche mischt sich ihre Angst:

> Sie hatte sich Rerik ganz anders vorgestellt. […] es war klein und leer, leer und tot unter seinen riesigen roten Türmen. […] Das sind keine Türme, hatte sie immer gesagt, das sind Ungeheuer, wunderbare rote Ungeheuer, die man streicheln kann. Unter dem kalten Himmel aber kamen sie Judith wie böse Ungeheuer vor. (S. 22)

Gregors Wahrnehmung der Türme verrät seine Ambivalenz:

Die Türme von Rerik

> Gregor zählte sie: sechs Türme. Ein Doppelturm und vier einzelne Türme, die Schiffe ihrer Kirchen weit unter sich lassend, als rote Blöcke in das Blau der Ostsee eingelassen, ein riesiges Relief. […] Sie hatten keine Ahnung, daß es hier diese Türme gab. Und wenn sie es wußten, so würden sie doch nur über Gregors Ansicht lachen, dass solche Türme einen Einfluß auf die Parteiarbeit hätten. Wenn Gregor ihnen gesagt hätte […], daß man nämlich in einer Stadt, in der es solche Türme gab, mit ganz anderen Argumenten arbeiten müsse […]. Denn die Türme waren auch Seezeichen. Von ihnen aus muß die See bis an die Grenze des Hoheitsgebietes zu beobachten sein, dachte Gregor. Sieben Meilen. Sieben Meilen Flucht lagen im Blick dieser Türme. […] Es waren leere Türme.
>
> Aber obwohl die Türme leer waren, fühlte sich Gregor von ihnen beobachtet. Er ahnte, daß es schwierig sein würde, unter ihren Blicken zu desertieren. (S. 25 f.)

Während er zunächst seine präzise Beobachtung mit seinem Parteiauftrag in Verbindung bringt, denkt er im zweiten Schritt über die Möglichkeit der Flucht nach. Auch Knudsen projiziert in dem Moment, als es mit der Aktion ernst wird, seine Angst auf die Türme: „Über dem Schwarz standen in der gleichen Sekunde die Türme wie Monstren, völlig nackt, in blendender roter Grelle, von Blut überströmte Riesen, die sich im Todeskampf noch einmal aufgerichtet hatten, um sich auf die Stadt zu stürzen, auf die Schwärze zu ihren Füßen." (S. 106)

Vergleich mit „Monstren"

Für den Jungen bilden die Türme lediglich die Informationsquelle für die Zeit: „er konnte auf den Turm von St. Georgen blicken und die Uhrzeit ablesen. Halb drei." (S. 14)

Einzelne äußere Vorgänge werden aus verschiedenen Perspektiven doppelt berichtet. Im Abschnitt „Helander · Knudsen" (S. 30–37) unterhalten sich die beiden an der Kaimauer. Sie bemerken den Wirt: „Der Wirt des ‚Wappens von Wismar' hatte vor einer Weile begonnen, Kästen mit leeren Bierflaschen auf die Straße zu stellen, und Knudsen beobachtete, daß er jedesmal, wenn er herauskam, einen schnellen Blick auf das Gespräch an der Kaimauer warf." (S. 36)

Doppelt berichtete Ereignisse

Judith beobachtet die beiden vom Gasthaus aus durch das Fenster: „An der Kaimauer sah sie einen Geistlichen stehen, der sich mit einem Fischer unterhielt." (S. 39) Und auch der Wirt ist hier von der anderen Seite her zu sehen: „Er wurde so wütend, daß er Judith vergaß und mit großem Krach begann, leere Bierkästen auf die Straße zu tragen." (S. 40) Die Handlungsmomente werden auf diese Weise miteinander verknüpft und in Zusammenhang gebracht, und es entsteht eine Gleichzeitigkeit zwischen den in verschiedenen Abschnitten geschilderten Situationen. Dadurch wird deutlich, dass das Gespräch zwischen Helander und Knudsen nicht so unauffällig und unbeobachtet geschieht, wie die beiden annehmen.

Verknüpfung der Abschnitte

Gleiche Information in verschiedenen Abschnitten

Für eine derartige Verknüpfung gibt es noch weitere Beispiele: Die Zeitangabe Herbst findet sich in Abschnitt 1 (fallende Blätter), Abschnitt 2 (Spätherbst), Abschnitt 3 (herbstgelbe Weidenblätter), Abschnitt 4 (Spätherbst), Abschnitt 6 (Astern, Kälte) und Abschnitt 8 (Spätherbst). Die Ortsangabe Rerik taucht auf in den Abschnitten 2, 3, 5, 6, 8 und 9. Durch diese eher beiläufig erwähnten als klar herausgestellten Sachverhalte gewinnen die ersten neun Abschnitte zusätzlich den Charakter einer Exposition.

Wechsel zwischen den Perspektiven

In den Abschnitten, die mehreren Personen gleichzeitig gewidmet sind, wechseln sich die Bewusstseinsinhalte der Personen ab und werden durch ihre Wahrnehmung der Außenwelt miteinander verknüpft. Dies lässt sich gut am Abschnitt „Judith · Gregor · Knudsen" (S. 68–79) erkennen. Die Personen kommen nicht miteinander in direkten Kontakt, nehmen sich aber gegenseitig wahr. Gleich zu Beginn entdeckt Gregor Judith zum ersten Mal: „Eine Jüdin, dachte Gregor, das ist ja eine Jüdin." (S. 68) Nach Gregors Überlegungen wechselt die Perspektive daraufhin zu Knudsen:

> […] in den Böen sah Gregor das schwarze Haar des Mädchens, wie es in den Strähnen und Schleiern über ihr Gesicht flatterte.
> Es war überhaupt Bewegung in den Hafen gekommen. Knudsen, auf dem Deck der „Pauline" stehend, sah mit Mißfallen, daß die ersten Kutter vom Fang zurückkamen (S. 68 f.).

Nach einer weiteren Textpassage aus der Perspektive Gregors (vgl. S. 69) wechselt die Perspektive zu Judith (vgl. S. 70), um dann wieder zu Gregor zurückzukehren (vgl. S. 71). Knudsen beobachtet Gregor: „Knudsen blickte hinüber zu der Stelle des Kais, wo der Schwede festmachte, weil er wußte, daß Gregor dort stand" (S. 69); „Knudsen konnte Gregor nicht mehr genau im Auge behalten, weil jetzt so viele Menschen sich auf dem Kai befanden" (S. 72). Andererseits stellt Gregor fest: „Die ‚Pauline' lag noch immer drüben, und Gregor sah Knudsen mit dem Aufrollen einer Stahltrosse beschäftigt."

(S. 77) Die Verknüpfung der Perspektiven gerät zuweilen so eng, dass sie noch nicht einmal durch Absätze im Text voneinander getrennt sind: „ […] lieber wären mir die schwedischen Matrosen, dachte Judith, sie fror, und langsam ging sie auf das weiße Haus zu. Sie riskiert es also, dachte Gregor.“ (S. 76)

Beziehung zwischen Gedanken und Verhalten

In den Abschnitten, in denen die Personen miteinander in direkten Kontakt treten, findet eine enge Verknüpfung zwischen ihren Dialogen und inneren Vorgängen statt. Im Abschnitt „Knudsen · Gregor“ (S. 52–58) beispielsweise lässt sich sich ein ständiger Wechsel zwischen Gesagtem und Gedachtem erkennen:

> Du bist vom Jugendverband, Genosse? fragte er Gregor. Gregor nickte. Er ist eigentlich schon zu alt für den Jugendverband, dachte Knudsen, einer von denen, die vom Jugendverband nicht loskommen. Für solche war die Partei das Alte. (S. 52)

Durch das Fehlen der Satzzeichen bei der wörtlichen Rede wird der Bewusstseinsinhalt besonders eng mit dem Gesagten verknüpft: „Hast du mir viel zu erzählen? fragte Knudsen. Oder können wir es gleich hier abmachen? Ich will schnell wieder weg, dachte er.“ (S. 53) Zunächst ist unklar, dass Knudsen den letzten Satz gar nicht ausspricht; erst durch den Begleitsatz wird dies offensichtlich. Zwischen Gedachtem und Gesagtem zeigt sich eine Diskrepanz; das wahre Wesen einer Figur enthüllt sich in ihren Gedanken, nicht im Gesprochenen. Die Personen misstrauen einander, was vor dem Hintergrund der äußeren Bedrohung verständlich ist. Die personale Erzählweise macht die Entfremdung, Isolation und Vereinzelung der Personen erst spürbar. So kommt es auch in Momenten der menschlichen Nähe zu einer Verschmelzung der Perspektiven, wie das folgende Beispiel belegt. Was Judith denkt, spricht Gregor aus:

Entlarvung der wirklichen Beziehungen

Zusammenführen der Perspektiven

> […] ich kann die Farbe seiner Augen nicht erkennen, dachte Judith, ich stelle mir vor, daß sie grau sind, vielleicht von einem etwas helleren Grau als sein Anzug, ich möchte ihn gern einmal bei Tag sehen, ich kenne noch nicht einmal seinen Namen, und Gregor fragte: Wie heißen Sie eigentlich? (S. 144)

Darstellung der Zeit

Zeitangaben der Personen

Wenn der Erzähler keine Zeitangaben in seine Bemerkungen einfügt, müssen das Verstreichen der Handlungszeit und die Abfolge der Ereignisse anders verdeutlicht werden. In *Sansibar* sind es einzelne Personen, die die Zeit angeben, etwa durch beiläufige Feststellungen im jeweiligen Handlungskontext. Der Junge liest „Halb drei“ (S. 14) von der Kirchturmuhr ab. Knudsen stellt fest, dass es „drei Uhr nachmittags“ (S. 17) im „Jahre 1937“ (ebd.) ist. Helander hört die Kirchenglocken: „Zwei Schläge. Halb vier.“ (S. 31) Knudsen hört kurz darauf das Vier-Uhr-Zeichen: „Dann schlugen die Glocken vier.“ (S. 37) Um „Viertel vor fünf“ schaut Knudsen in der Kirche auf die Uhr (vgl. S. 65), weil er eigentlich um fünf Uhr (vgl. S. 14, 31, 65) auslaufen will. Erst viel später erfolgt die nächste Zeitangabe: „Knudsen sah auf seine Uhr: sie zeigte auf elf.“ (S. 106) Der Beginn der Aktion „Lesender Klosterschüler“ wird wieder durch die Turmuhr eingeläutet: „In diesem Augenblick begannen die Glocken von Sankt Georgen die zwölfte Stunde zu schlagen.“ (S. 131) Die Rückkehr Gregors und das folgende Eintreffen der Anderen datiert Helander durch einen Blick auf die Uhr: „Er sah auf die Uhr: sie zeigte auf sechs.“ (S. 170)

Zeitangaben des Erzählers

Die Strategie des personalen Erzählens ist jedoch nicht konsequent eingehalten; auch im Erzählerbericht finden sich einige Zeitangaben: „Es war halb eins, als sie das Gebäude der Genossenschaftsmolkerei erreichten.“ (S. 138) „Gegen zwei Uhr legte Knudsen die ‚Pauline‘ an einer Buhne auf der Seeseite der Lotseninsel fest.“ (S. 152) „[G]egen vier Uhr morgens“ (S. 167) erwacht Helander aus trostlosen Träumen. Am nächsten Nachmittag zwischen „vier und fünf“ (S. 177) landet Knudsen in Schweden.

Vorgeschichte in Erinnerungen und Rückblenden

Die Vorgeschichte spiegelt sich stets im Bewusstsein der Figuren. So taucht in den Gedanken des Jungen immer wieder die Erinnerung an seinen Vater auf, wobei diese nie zu einer zusammenhängenden Episode führt (vgl. etwa S. 14). Knudsen erinnert sich anlässlich Berthas

Witz an den Beginn ihrer psychischen Erkrankung und an die Bedrohung durch die Anderen (vgl. S. 16). Judith erinnert sich in ihrer trostlosen Situation an den nur kurz zurückliegenden Tod ihrer Mutter (vgl. S. 21 f.). Die Türme Reriks lassen Gregors Tarasovka-Erlebnis (vgl. S. 26), den Moment, den er als Beginn seines Verrats an der Partei empfindet, wieder lebendig werden. Helander erinnert sich im Gespräch mit Knudsen daran, wie er ihn früher als politischen Gegner angefeindet hat (vgl. S. 31), und das Gespräch über die Holzskulptur ruft die Erinnerung an das Gespräch mit dem jungen Herrn Doktor wach, der die Figur konfiszieren will (vgl. S. 33). Durch den „Lesenden Klosterschüler" wird Gregor an die Lenin-Akademie erinnert (vgl. S. 48). Helanders Situation mit dem entzündeten Bein wird dem Leser ebenfalls durch eine Rückblende vermittelt (vgl. S. 60), und schließlich lässt der verpasste Kuss mit Judith Gregor an seine frühere Freundin Franziska denken (vgl. S. 129).

Dieses Nachholen der Vorgeschichte durch Rückblenden ist für den Leser unbedingt erforderlich, da er sonst die Handlungszusammenhänge nicht erfassen könnte. Anders als beim chronologischen Erzählen werden die wichtigen Handlungsmomente aus der Vergangenheit meist assoziativ durch Erlebnisse ausgelöst. Damit zeigt sich auch ihre Bedeutung für die Biografie der Personen.

Intention

Personen im Vordergrund

Durch diese Darstellungsweise rücken mehr die Personen in den Vordergrund der Erzählung als der Fortgang der Ereignisse. Der Leser ist unmittelbar mit dem Bewusstsein der Personen konfrontiert, er wird Zeuge ihres Denkprozesses. Indem sich die Außenwelt nur im Bewusstsein der Personen spiegelt, geht auch eine allgemein verbindliche Wirklichkeit als Maßstab verloren, „werden die vorgestellten Perspektiven, Wahrnehmungen und Ansichten weder idealisiert noch kritisch beurteilt, sondern kommentarlos aufeinander bezogen." (Hinderer, 1993, S. 69)
Ein Erzähler, der auf diese Art erzählt, kennt nicht die gesamte Wirklichkeit. Dies entspricht einer modernen

Erzählhaltung. Die Dichter des späten 18. und frühen 19. Jahrhunderts (z. B. Goethe) wähnten sich noch im Besitz einer absoluten Wahrheit und konnten daher aus einer auktorialen Haltung heraus erzählen, sie besaßen sowohl den Überblick als auch die Wertmaßstäbe. Diese Überzeugung schwindet im Laufe des 19. Jahrhunderts zunehmend, und die Autoren bedienen sich verstärkt der personalen Erzählweise, weil die individuelle Sicht auf die Wirklichkeit in den Vordergrund rückt. Im 20. Jahrhundert ist die Gewissheit einer absoluten Realität vollends verschwunden, was sich dann auch im literarischen Erzählstil spiegelt.

Verlust einer verbindlichen Realität

Vereinzelung der Personen

Die radikale Fragmentierung des Erzählvorgangs in die einzelnen Perspektiven der Personen zeigt diese Personen in ihrer Vereinzelung und Einsamkeit. Daher entspricht die personale Erzählweise auch einem der Hauptthemen von *Sansibar*, der Bedrohung der Individuen durch den totalitären Staat. Am deutlichsten wird dies am Beispiel von Helander, der gegen Ende der Handlung mit seinem Ringen um eine rechte Haltung zu Gott allein ist. Die Romanfiguren schweigen überwiegend; nur in 9 von 37 Abschnitten kommunizieren sie miteinander. Und wenn sie dies tun, ist ihre Kommunikation durch tiefes Misstrauen geprägt:

Misstrauen der Personen

> Während diese Erzähltechnik die individuelle Isolation in einem auf gegenseitiges Misstrauen begründeten totalitären Staat nachvollziehbar macht, entspricht sie auch Anderschs Absicht, Handeln als existentielle Entscheidung vorzuführen. Andersch versucht, politische Freiheit in einer konkreten geschichtlichen Situation mit existentieller Freiheit zu verbinden. (Rhys Williams, „Alfred Andersch", in: *Kritisches Lexikon zur deutschsprachigen Gegenwartsliteratur*, hrsg. von Heinz Ludwig Arnold, Nachlieferung, München, edition text + kritik im Richard Boorberg Verlag, 2006 [unpag.])

Die Personen

- Gregor: Lösung von der Partei und ihren Aufträgen durch eine eigene Aktion
- Knudsen: Politische Aktion zur Bewahrung seiner Lebensfreude
- Helander: Wiederfinden des verloren geglaubten Gottes in der Aktion
- Judith: Desillusionierung und erwachsene Weltsicht
- Der Junge: Trennung von den Jugendträumen und Entwicklung hin zum verantwortungsvollen Erwachsenen

Darstellung der Personen und ihrer Lebenskrisen aus dem Blickwinkel der anderen

Durch das personale Erzählen werden die Romanfiguren jeweils aus dem Blickwinkel unterschiedlicher Personen multiperspektivisch dargestellt. Der Leser muss daher selbst ein Bild von den Personen konstruieren.

Krise und Suche nach Orientierung

Alle Hauptpersonen der Handlung befinden sich in allgemeinen Sinn- und Lebenskrisen; sie lösen sich von etwas Überkommenem, haben einen Verlust erlitten und suchen nach einem neuen Sinn, einer neuen Orientierung. Je nach dem Grad ihres Bedroht-Seins und ihrer Handlungsfreiheit lassen sich die Romanfiguren in zwei verschiedene Gruppen einteilen: Da sind die aktiv Handelnden, aktiv Helfenden Gregor, Knudsen und Helander sowie die passiven Opfer Judith und „Lesender Klosterschüler", sofern man letzteren zu den Personen zählt. Zwar müssen sich auch Gregor, Helander und Knudsen mit ihrem Verfolgt-Sein auseinandersetzen, sie haben aber mehr die Fäden des Handelns in der Hand. Gregor formuliert dies so:

Verfolgung und Flucht

> Ich will weg, aber sie müssen weg. Ich bin zwar bedroht, mit dem Konzentrationslager, mit dem Tod, aber ich kann trotzdem frei entscheiden, ob ich bleibe oder gehe. Ich kann wählen: die Flucht oder das Martyrium. Sie aber können nicht wählen: sie sind Ausgestoßene. (S. 70)

Der Junge hat in diesem Kontext eine Sonderstellung inne; er ist nicht bedroht, aber er handelt auch nicht ganz freiwillig; er wird in die Geschehnisse um die Holzplastik ohne sein Zutun hineingezogen, übernimmt dann aber einen wichtigen Part.

Gregor

Dass Gregors Alter unbestimmt bleibt, stellt ein wesentliches Charakteristikum der Figur dar. Er ist als „Instrukteur der Partei" (S. 15) nach Rerik geschickt worden. Als Parteiagent im Untergrund muss er sich unauffällig verhalten und tarnen: „Er hatte schon in Moskau gelernt, was er in Deutschland am meisten brauchte: auf der Hut zu sein." (S. 130) Entsprechend verleugnet er seine Individualität: „Ich bin ein Niemand, der aus Rußland ins Niemandsland geht. [...] Ich habe einen falschen Paß und keinen Namen, ich bin ein Revolutionär, aber ich glaube an nichts" (S. 145). Seinen bürgerlichen Namen hat er zugunsten eines neutralen Decknamens aufgegeben: „Ich habe keinen Namen. Aber sie können mich Gregor nennen." (S. 61) Auch dessen russische Variante „Grigorij" (S. 144) verwendet er.

Unauffälligkeit

Deckname

Die Wahrnehmung der anderen Personen schwankt zwischen der Feststellung von Gregors Unauffälligkeit und der dahinter verborgenen Charakterstärke. Judith sieht

Ambivalenz zwischen Unscheinbarkeit und Charakterstärke

> ein mageres, helles, unauffälliges Gesicht, ein Gesicht, das einem Automonteur gehören konnte oder einem Laboranten oder einem Mann, der Manuskripte entzifferte, deren Texte ihn nicht interessierten, oder einem Flieger. Etwas sehr Erfahrenes und Altes lag in diesem jungen Gesicht, und zwischen Augen und Mund hatte sich ein nüchtern hingenommener, offenbar nicht sehr schmerzhaft empfundener Leidenszug eingetragen, aber die Schläfen und das Kinn verrieten Schläue, verrieten Tempo, verlässige Schnelligkeit und Intelligenz. Den Ausdruck und die Farbe seiner Augen konnte sie nicht erkennen, aber seine Haare erkannte sie als glatt und schwarz, sie fielen ihm manchmal locker ins Gesicht, und dann mußte er sie wegstreichen, Hauptsächlich aber wirkte er unauffällig. (S. 126)

Knudsen erinnert sich an eine Beschreibung Gregors: „grauer Anzug, jung, glatte, schwarze Haare, ein bißchen unter mittelgroß, Fahrradklammern an den Hosen" (S. 52). Auch Helanders Reaktion ist in sich widersprüchlich, er stellt einerseits Gregors Unauffälligkeit fest, zeigt sich aber von der dahinter vermuteten Person beeindruckt:

> Der hier ist nicht neu, er ist irgendwer, ein magerer, unauffälliger Mensch in einem grauen Allerweltsanzug mit

> Fahrradklammern an den Hosen, ein Aushilfsbote von der Post oder der Sohn eines Installateurmeisters, der schon morgens raus mußte, um eine Wasserleitung zu flicken, so also sehen in unserer Zeit die Boten und die Söhne aus, die Boten der Rettung und die Söhne der Ideen: man kann sie nicht unterscheiden. Man konnte sie nicht erkennen, außer in ihren Handlungen. Sie sind keine Persönlichkeiten, dachte Helander, sie haben den Ehrgeiz, das Richtige zu tun und nicht aufzufallen. (S. 170 f.)

Schulung an der Lenin-Akademie

Zum kommunistischen Untergrundkämpfer ist Gregor in Russland ausgebildet worden. An der Lenin-Akademie hat er eine gründliche intellektuelle Schulung erhalten. Durch die Teilnahme an militärischen Manövern auf der Halbinsel Krim ist ihm das Kämpfen nahegebracht worden. Zwar sieht er später eine Parallele zwischen sich und dem „Lesenden Klosterschüler“, da er wie dieser in jener Zeit ein mönchisches Dasein geführt und nur für einen höheren Zweck gelebt hat, aber seither nagt auch der Zweifel in ihm. Dieser steigert sich bis zu seiner Ankunft in Rerik zur persönlichen Krise.

Verrat an der Partei

Einer der Auslöser dafür ist sein Erlebnis während des Manövers in Tarasovka gewesen. Während die anderen Teilnehmer sich ausschließlich auf die Einnahme der Stadt konzentrierten, war es Gregor „gleichgültig, er war plötzlich fasziniert von dem goldenen Schmelzfluß des Schwarzen Meeres und dem grauen Gestrichel der Hütten am Ufer [...]“ (S. 27). Dass ihn das Naturschauspiel des Sonnenuntergangs am Schwarzen Meer dermaßen beeindruckt, empfindet er als Verrat: „Der Verrat hatte darin bestanden, daß ihm, als Einzigem, der goldene Schild wichtiger gewesen war als die Einnahme der Stadt.“ (Ebd.)

Franziska als Opfer einer Säuberungsaktion

Verstärkt wird dieses Gefühl des „Verrats an einem Dogma“ (S. 74) durch sein früheres „Ermüden während einer Vorlesung in der Lenin-Akademie“ (S. 27), sein Desinteresse an der kommunistischen Dogmatik und sein persönliches Verlusterlebnis. An der Lenin-Akademie ist er mit Franziska zusammen gewesen, die er bewundert und geliebt hat. Als er aus Tarasovka zurückkommt, findet er sie nicht mehr vor. Sie ist wegen angeblichen Verrats aus der Akademie entfernt und wahrscheinlich ermordet worden, also einer „Tschistka“ (S. 130), einer Säuberungsaktion, zum Opfer gefallen. Gregor vermutet, dass auch Franziskas Verrat darin bestanden hat, dass sie ihre Gefühle nicht völlig der politischen Sache geopfert hat, „nicht kalt gewesen“ (ebd.) ist. Diese Erkenntnis leitet Gregors Wandlung vom ideologietreuen Funktionär zum verantwortlich handelnden Individuum ein. Während der späteren Rettungsaktion, als die Suchscheinwerfer des Polizeiboots im letzten Moment verlöschen, sieht er sich in seinen Zweifeln an der Lehre der Partei bestätigt (vgl. S. 149).

Zwei Seiten des Charakters: Nüchterne Rationalität sowie …

Gregor kann die zwei Seiten seines Charakters nicht in Einklang bringen. Auf der einen Seite verhält er sich streng rational; mit seinem klaren Verstand kann er seine präzisen Wahrnehmungen stets „prüfen“ (S. 8) und in eine sachlich-abstrakte Sprache bringen. Aus seiner Tarnung heraus kann er Dinge und Personen gut einschätzen. Er erkennt Judith auf den ersten Blick als „Jüdin“ (S. 68) und als „verwöhntes Mädchen aus reichem jüdischem Haus“ (S. 124). Situationen erfasst er schnell und reagiert geistesgegenwärtig; in der sich zuspitzenden Situation im Wirtshaus verhindert er im letzten Moment eine Schlägerei, indem er nach dem Wirt ruft. Er möchte sich keine Schwäche erlauben: „ich wehre mich gegen die Funktion des Fleisches. […] Ein einziger wirklicher Kuß würde meine Gehirn schwächen, […] kein Boxer darf vor seinem Kampf mit einer Frau schlafen.“ (S. 129)

… Fantasie und Romantik

Auf der anderen Seite hat er eine Neigung zu Fantasie und Romantik. Schon in seinem ersten Abschnitt fasst er seine Naturwahrnehmung in poetische Vergleiche und Metaphern, vgl. etwa „eine Schwinge aus eisigem Ultramarin“ (S. 8). Der goldene Schild von Tarasovka (vgl. S. 27) wird zum Leitmotiv seines Verrats.

Plan zum Desertieren

Da er als Instrukteur der Kommunistischen Partei von den Anderen bedroht ist, hat er sich zum Desertieren entschlossen: „Ich will nicht Angst haben, weil ich Aufträge ausführen muss, an die ich […] nicht mehr glaube.“ (S. 46) Er will „anders leben“ (ebd.). und in Rerik die Fluchtmöglichkeiten prüfen. Aber aus seiner Fahnenflucht von der Partei ergibt sich für ihn die Frage: „konnte man ohne Auftrag leben?“ (S. 47)

Leben ohne Auftrag?

Die Antwort auf diese Frage gibt ihm die Figur des „Lesenden Klosterschülers“: „Ich habe einen gesehen, der ohne Auftrag lebt. Einen, der lesen kann und dennoch aufstehen und fortgehen.“ (S. 49) Was ihn an der Figur so fasziniert, ist die kritische Distanz, die er in ihr zu erkennen glaubt: „Aber er las kritisch. Er sah aus, als wisse er in jedem Moment, was er da lese.“ (Ebd.) Er scheint bereit zu sein, „jeden Augenblick einen Finger auf den Text zu führen, der zeigen würde: das ist nicht wahr.“ (Ebd.) Darin erkennt Gregor das Ideal, das ihm unbewusst vorgeschwebt hat: „Nach den Regeln leben, ohne den Geist zu binden“ (ebd.). Dass er sich von den Dogmen der Partei abgewandt hat, wird ihm bewusst, als er Judith die Situation des „Lesenden Klosterschülers“ zu erklären versucht: „Früher hätte ich etwas von Faschismus gesagt, von Geschichte und Terror.“ (S. 125)

„Lesender Klosterschüler“ als Vorbild für ein geistig ungebundenes Leben

Als er nun von der Bedrohung der Figur erfährt, macht er deren Rettung sofort zu seiner eigenen Sache, die er aber als Parteiaktion ausgibt: „Jedenfalls wird es meine Aktion sein, dachte Gregor arrogant. Zum ersten Mal leite ich keine Parteiaktion. Es ist eine Sache, die nur mir gehört.“ (S. 97) Ihm wird seine neue Freiheit bewusst: „Der leere Tag hatte sich gefüllt [...]. Er begriff auf einmal, dass er die Partei vergessen hatte und daß frei war, befreit durch Dinge, die sich überhaupt nicht fassen ließen.“ (S. 74) Dass mit Judith nun zudem auch noch „ein ziemlich schönes Mädchen mit langen schwarzen Haaren“ (S. 97) ins Spiel gekommen ist, verstärkt seine Motivation: „Sowie man die Partei im Stich läßt, gibt es wieder Romantik.“ (Ebd.) Mit der Rettungsaktion gelingt es ihm, seine inneren Widersprüche zu versöhnen: „Eiskalte Aktion gegen die Anderen, aber doch Romantik.“ (Ebd.)

Rettung als eigene Aktion

Gefühl der Freiheit

Gregor hat seine Krise überwunden, hat sich aus der Bevormundung durch die Partei gelöst und zu autonomem Handeln und einem neuen Sinn gefunden. Dies ist neben seiner persönlichen Feindschaft mit Knudsen auch der Grund, warum er am Ende nicht mit auf das Boot geht, um aus Deutschland zu fliehen, wie es anfangs sein Plan gewesen ist. Die Fahnenflucht von der Partei ist ihm zwar gelungen, aber das engagierte und selbstbestimmte Handeln, der mutige Kampf gegen die Anderen ist ihm nach wie vor ein Anliegen. So ist der letzte Auftritt Gregors im Roman, sein Weg in eine ungewisse Zukunft, von einer zuversichtlichen Aufbruchs-Metaphorik begleitet, die sowohl an Gregors erste Szene anknüpft

Ungewisse Zukunft

als auch einen Kontrast zu ihr schafft: „Das graue Morgenlicht erfüllte die Welt, das nüchterne, farblose Morgenlicht zeigte die Gegenstände ohne Schatten und Farben, es zeigte es beinahe so wie sie wirklich waren, rein und zur Prüfung bereit. Alles muß neu geprüft werden, überlegte Gregor.“ (S. 163) In diesem Moment realisiert er die Haltung seines Vorbilds „Lesender Klosterschüler“: Er steht auf und geht davon, allein und ungebunden.

Aufbruch in ungebundenes Leben

Knudsen

Knudsens Äußeres

Knudsen lebt als Fischer in Rerik und betreibt mit seinem Kutter „Pauline“ Fischfang. Zwar wird sein Alter nicht genannt, aber da seine Frau 40 Jahre alt ist, befindet er sich vermutlich in einem ähnlichen Alter. Durch Gregors Augen erfährt der Leser einige Details über Knudsens Gesicht:

> […] Gregor konnte sehen, dass es hart und flächig war, die Nase stach nicht besonders hervor, es war ein braunes, bartstoppeliges, wettergegerbtes Fischergesicht unter schon grau gewordenen Haaren, nichts leuchtete in diesem einfachen Gesicht, nicht einmal die Augen, sie waren klein und scharf und blau, aber sie leuchteten nicht, sie phosphoreszierten nur, kleine phosphoreszierende Kugeln, in die harte Fläche des Gesichts eingelassen. (S. 54)

Knudsens Abwendung von der Partei

Innere Emigration

Knudsen ist Mitglied der Kommunistischen Partei, er wird von Helander als „roter Hund“ (S. 31) bezeichnet. Innerlich hat er sich von der Partei abgewandt, da er mit ihrer Arbeit unzufrieden ist: „Die Partei kann mich am Arsch lecken. Die Partei hätte schießen sollen, statt jetzt Instrukteure zu schicken.“ (S. 15) Trotzdem ist er aber immer noch überzeugt vom Kommunismus: „Knudsen deutete mit dem Finger auf seine Stirne. Da drinnen müssen wir noch da sein, sagte er. Das ist viel wichtiger als ein paar Flugblätter verteilen und Parolen an die Wände schmieren.“(S. 55) Und auch Gregor bemerkt: „Er hat die Fahne heruntergeholt, aber er hat sie sorgfältig zusammengefaltet und in seinen Schrank gelegt, anstatt vor ihr zu fliehen. Überwintern will er mit ihr, weil er nicht weiß, dass Flaggen, die man gestrichen hat, nie wieder so flattern werden wie ehedem.“ (S. 103) Helander dagegen merkt ihm sein schlechtes Gewissen deswegen an: „Helander begriff plötzlich Knudsens Weigerung. Seinen Haß gegen die Partei, weil sie versagt hatte. Sein schlechtes Gewissen, weil er nun die Partei haßte.“ (S. 36) Diesen Hass gegen die Partei überträgt er auch auf Gregor:

> Er fühlte wieder die Wut, die er auf Gregor hatte. Er wußte nicht, daß es die Wut auf die Partei war, die er an Gregor ausließ. Gerade in diesem Abtrünnigen repräsentierte sich für ihn die Partei; die Partei, die ihn, Knudsen, im Stich gelassen hatte. (S. 155)

Knudsens Lebensmittelpunkt ist seine Frau Bertha, die er liebt und um die er sich sorgt. Bertha hat ein sanftes Wesen, leidet aber an einer psychischen Störung; zwanghaft erzählt sie stets den gleichen Witz, scheinbar ohne sich dessen bewusst zu sein (vgl. S. 16). Aber wegen dieser Störung ist Bertha durch die Anderen bedroht: „Doch vor einem Jahr war einer von den Anderen zu Knudsen gekommen und hatte gesagt: Ihre Frau ist geistesgestört, wir müssen sie in eine Anstalt bringen. […] Er wußte, was sie mit den Geisteskranken machten, wenn sie sie erst einmal in den Anstalten hatten.“ (Ebd.) Knudsen ist klar, dass die Anderen damit Druck auf ihn ausüben wollen, um seine Parteiaktivitäten zu stoppen: „Übrigens hatte er den Eindruck gehabt, daß sie ihn mit der Drohung, Bertha in eine Anstalt zu bringen, erpressen wollten. […] Sie gebrauchten die arme Bertha als Waffe gegen die Partei.“ (S. 17)

Bedrohung seiner Frau

Diese Angst um Bertha hindert Knudsen zunächst daran, Helanders Bitte zur Rettung des „Lesenden Klosterschülers“ nachzukommen: „Ich kann es Bertha nicht antun. Niemand würde sich um Bertha kümmern, wenn ich fort wäre. Ich kann sie nicht im Stich lassen.“ (S. 58) Auch eine Flucht ins Ausland kommt daher für ihn nicht in Frage.

Verantwortung für seine Frau

Trotzdem lässt er sich am Ende doch auf die Aktion ein und nimmt das Risiko in Kauf. Bei seinen Erwägungen des Für und Wider wird ihm bewusst, wie sehr er Bertha liebt:

> Knudsen hätte sich gerne zu ihr gelegt und die Liebe mit ihr gemacht; sie liebten sich immer noch, und sie machten oft die Liebe miteinander, lang und intensiv, mit langen und

> treibenden Gesprächen, in denen er den Irrsinn von ihr fernhielt und alles auf die Lust konzentrierte. (S. 98)

Diese Liebe ist für ihn ein wesentlicher Aspekt seiner Vitalität. Ebenso gehört für ihn aber auch das engagierte Handeln für eine gute Sache zu seiner Lust am Leben:

> Dann wird es nur noch die Fische geben, das Boot und die See. Ob mir die Liebe dann noch Spaß machen wird? Ist das überhaupt der Grund, warum ich gewartet habe, warum ich nicht ausgefahren bin, fragte sich Knudsen, während er den Mann, der sich Gregor nannte, auf das Boot zukommen sah. Wollte ich den Abschied von der Partei ein wenig hinauszögern, um die Lust am Leben noch eine kurze Spanne Zeit zu behalten? (S. 99)

Auf Gregors Nachfrage, warum er denn überhaupt mitmache, antwortet Knudsen sich selbst: „Weil ich kein toter Fisch sein will. Weil ich die Lust an der Liebe behalten will. Weil es sonst stinklangweilig wird.“ (S. 101) Auch Knudsen hat seine Krise auf eine konstruktive Weise gemeistert. Den Verlust eines Orientierungspunktes überwindet er durch ein neues, selbst gesetztes Ziel. Auch ihm ist das mutige und verantwortliche Handeln ein wichtiger Bestandteil seines Lebens.

Handeln als Zeichen der Freude am Leben

Helander

Helander ist eine weitere Person, die in einer schweren Lebenskrise steckt und ihren eigenen Weg aus der Krise findet. Während er zu Beginn der Handlung eher im Hintergrund bleibt, rückt er gegen Ende durch seine seelischen Leiden und seine Revolte gegen die Anderen mehr in den Mittelpunkt. Sein Name ist von „Heiland“ abgeleitet (vgl. Ritter, 2003, S. 20), was den Erlöser der Menschen bezeichnet, im christlichen Sinne Jesus Christus, der durch sein Opfer und Leiden die Menschheit erlöst. Helander ist Pfarrer der Georgenkirche in Rerik, die mit der Figur des „Lesenden Klosterschülers“ das zentrale Dingsymbol des Romans beherbergt. Knudsen nimmt Helander folgendermaßen wahr:

Helanders Äußeres

> […] ein großer, schlanker Mann mit einem heftigen, geröteten Gesicht, mit einem schwarzen, schmalen Bart über dem Mund, einem schwarzen Bart, in den sich graue Fäden

> mischten, mit den blitzenden Gläsern einer randlosen Brille vor den Augen, kristallisch blitzend in dem leidenschaftlichen, eine Neigung zum Jähzorn verratenden Gesicht über einem schwarz gekleideten Körper, der sich ein wenig über den Stock krümmte. (S.32)

Sein Alter lässt sich nur durch Rückschlüsse aus seiner Biografie schätzen; da er Kriegsveteran des Ersten Weltkriegs (1914–18) ist, muss er mindestens vierzig Jahre alt sein. In diesem Krieg hat er ein Bein verloren und trägt seither eine Holzprothese. Knudsen mutmaßt, dass dieses „Verdun-Bein“ (S. 31) Helander noch einen gewissen Schutz vor den Anderen gewährt. Aber die Wunde am Beinstumpf macht ihm immer wieder Probleme; wegen des Blutzuckers heilt sie nicht und Helander soll daher noch am gleichen Abend die Klinik in Rostock aufsuchen.

Kriegsverletzung

Als Pfarrer steht er in Gegnerschaft zur Kommunistischen Partei und damit zu Knudsen. Aber seine Opposition gegenüber den Anderen ist stärker, so dass er sich mit Knudsen im Kampf gegen die Anderen verbünden will und Knudsen um Hilfe bittet. Die Kulturlosigkeit, Bildungsfeindlichkeit und Barbarei der Anderen ist ihm zutiefst verhasst. Daher fühlt er sich verpflichtet, einer Lagerung des „Lesenden Klosterschülers“ im Magazin zu widersprechen. Für ihn stellt die Figur das wahre innere Heiligtum der Kirche dar: „Weil die Anderen den *Klosterschüler* angreifen, dachte Helander, ist er das große Heiligtum.“ (S. 34) Dem Vertreter der Anderen hat er gesagt: „ Der *Klosterschüler* ist kein Kunstwerk, Herr Doktor, es ist ein Gebrauchsgegenstand.“ (S. 33) Bezeichnend ist, dass gerade die Figur des kritisch lesenden Mönchs den Anderen ein Dorn im Auge ist: „Den mächtigen Christus auf dem Altar lassen sie in Ruhe, sein kleiner Schüler ist es, der sie stört. Das Mönchlein, das liest. Der ganze Riesenbau der Kirche wird um dieses stille Mönchleins willen auf die Probe gestellt.“ (S. 34) Daher ist es für Helander keine Frage, dass die Figur vor dem Zugriff der Anderen geschützt werden muss. Darin besteht sein persönlicher Widerstand gegen das Regime.

Rebellion gegen Ungebildetheit

„Klosterschüler“ als Heiligtum

Aber auch er befindet sich in einer persönlichen Krise, da er seine Orientierung eingebüßt hat. Es wird nicht so recht deutlich, was die Gründe dafür sind, dass der Pfarrer von seinem Glauben abgefallen ist. Von Anfang der

Zweifel am Glauben

Handlung an wartet er auf ein Zeichen, mit dem Gott sich ihm offenbaren würde. Dass er dieses Zeichen in Form einer Schrift auf der Ziegelmauer der Kirche erwartet, lässt an die biblische Geschichte von Belsazar denken, dem durch eine magische Schrift der Untergang seines Reiches verhießen wird. „Die prophetische Botschaft führt zur Befreiung der Juden aus der ‚Babylonischen Gefangenschaft'" (Ritter, 2003, S. 23). Und so erhofft sich Helander irgendein offenbarendes Zeichen von Gott, wenn er auf die Mauer schaut, „auf der die Schrift nicht erschien, auf die er wartete, so daß er sie immer mit seinen eigenen Fingern bemalte, das Geschriebene immer wieder auswischte, neue Worte und Zeichen schrieb." (S. 12) Er fühlt sich von Gott verlassen, seine Kirche ist

Warten auf die Schrift

> zu einem schalltoten chorlosen Raum geworden […] seitdem Gott sich entfernt hatte. Der hohe Herr hält es nicht für nötig anwesend zu sein, dachte der Pfarrer höhnisch und erbittert. Vielleicht hat er dringendere Geschäfte. Vielleicht liegt er auf der faulen Haut. Jedenfalls hat er uns in Rerik seit Jahren nicht besucht. Nicht einmal ein paar Zeichen hat er auf die Kirchenwand geschrieben, keine noch so geringfügige Botschaft in unsichtbarer Tinte, nur für mich zu entziffern, auf die rote Backsteinwand von Sankt Georgen. (S. 110)

In seiner Verlassenheit steht er unmittelbar zu Beginn der Aktion „Lesender Klosterschüler" vor einer schwierigen Entscheidung. Wegen seines Beines müsste er sofort in die Klinik, Doktor Frerking hat im Grunde seine Einweisung schon veranlasst. Soll er sich ins Krankenhaus begeben oder soll er die Aktion durchführen und sich damit selbst opfern? Angst und Mut halten sich die Waage: „Die Nacht über hier bleiben, heißt: den *Klosterschüler* retten. Den *Klosterschüler* retten heißt: morgen früh abgeführt werden. In ein Konzentrationslager mit dem Tod im Bein. […] Klinikbett statt des Martyriums." (S. 109 f.) Diese Nacht des Zweifels erinnert an die Nacht im Garten Gethsemane, die Christus vor seiner Verhaftung durchlebt hat, als er an seiner Sendung zweifelte und sich von Gott verlassen fühlte. Helander hat Angst vor Folter und Einsamkeit, für ihn gibt es keine „Gewißheit der Gnade" (S. 113). Er findet keine Zuversicht in Gott: „Gott war abwesend, er lebte in der größten überhaupt

Angst vor Folter

Ferne Gottes

denkbaren Ferne, und die Welt war das Reich des Satans. [...] Keinesfalls durfte man sich einbilden, von Gott gehört zu werden." (S. 112) Daher zweifelt er am „Sinn des Martyriums" (S. 113). Ein Rest von Zuversicht lebt aber trotzdem in ihm fort: „er [Gott] weilte zwar in unerreichbarer Ferne, aber es gab ihn, er war nicht etwa tot." (S. 112) Dass Helander sich schließlich gegen die Klinik entscheidet, ist daher ein Akt der Hoffnung: „Er dachte: wenn ich den Telefonhörer nicht abnehme, dann ist Gott vielleicht gar nicht so fern, wie ich immer denke. Dann ist er vielleicht ganz nah?" (S. 114)

Aktion als Weg zu Gott

Mit der Aktion „Lesender Klosterschüler" hat er seine Sinnkrise aber noch nicht endgültig überwunden. Als er früh morgens Gregor zurückkommen sieht und damit weiß, dass die Aktion erfolgreich durchgeführt worden ist, hat er gerade in schweren Träumen an seiner Krise weitergearbeitet:

> Helanders Träume waren Symbole unterdrückter Triebe, Bilder von Liebe und Tod [...] eine Welt aus Ödnis, Schmutz, Dämmerung, Kälte und Hoffnungslosigkeit [...] wenn es eine Hölle gibt, so muß dies die Hölle sein. Die Hölle, das war nicht ein Raum aus Hitze und Feuer, ein Raum, in dem man brannte – die Hölle war ein Raum, in dem man fror, sie war die absolute Leere. Die Hölle war der Raum, in dem Gott nicht war. (S. 169)

Er sucht immer noch nach seiner Haltung zu Gott. Die Beweggründe von Gregor erkennt er als atheistisch:

> Das Nichts treibt ihn an, das Bewußtsein, in einem Nichts zu leben, und der wilde Aufstand gegen das leere, kalte Nichts, der wütende Versuch, die Tatsache des Nichts, dessen Bestätigung die Anderen sind, wenigstens für Augenblicke aufzuheben. (S. 171)

Davon unterscheidet sich seine Einstellung: „Ich glaube an die Ferne Gottes, aber nicht an das Nichts, [...] er [Gregor] ist zum Nichts verurteilt und ich zum Tode" (Ebd.).

Helander will sich den Anderen nicht kampflos ausliefern, sondern hat entschieden, auf sie zu schießen und damit seinen eigenen Tod zu provozieren. Aber auch diese Verzweiflungstat steht für ihn in Beziehung zu seiner Suche nach Gott: „Helander erkannte, daß er sich im Aufstand gegen Gott befand. Er wurde sich klar, daß er

Rebellion gegen die Anderen und Gott

töten wollte, weil er auf Gott wütend war. Selbstmord war keine Antwort auf die Unbegreiflichkeit Gottes. […] Ich werde töten, um Gott zu züchtigen." (S. 174)
Wenig später erkennt er seinen Hochmut, der sich in folgendem Gedanken ausdrückt:

> […] und plötzlich wußte der Pfarrer, warum er sich entschlossen hatte, zu schießen. Er hatte sich entschlossen, zu schießen, weil die Salve aus seiner Trommelpistole die Starre und Trostlosigkeit der Welt durchbrechen würde. In den Feuerstößen aus seiner Pistole würde die Welt für die Dauer von Sekundenbruchteilen lebendig werden. Wie dumm von mir, dachte der Pfarrer, zu denken, ich schösse, um Gott zu züchtigen. Gott läßt mich schießen, weil er das Leben liebt. (S. 175 f.)

Auftauchen der Schrift

Im Augenblick des Todes findet er zu Gott zurück: „Jetzt muß sie doch erscheinen, die Schrift auf der Wand meiner Kirche. Die Schrift, auf die ich mein Leben lang gewartet habe. Er wandte sich um und blickte auf die Wand, und während er die Schrift las, spürte er kaum, wie das Feuer in ihn eindrang, er dachte nur, ich bin lebendig, als die kleinen heißen Feuer in ihm brannten. Sie trafen ihn überall." (S. 176)

Gottes Offenbarung im Moment des Todes

Auch Pfarrer Helander hat am Ende seine Sinnkrise überwunden. Im Augenblick seines Todes findet er zu Gott zurück. Für ihn war der aktive Widerstand gegen die Anderen der entscheidende Grund, der ihn den richtigen Weg finden ließ. Wäre er in der Passivität verharrt, hätte er die Schrift auf der Wand nie gesehen. Er war der Überzeugung: „[…] ich habe in einer Welt gelebt, die erlöst werden muß." (S. 169) In Analogie zum Heiland hat er durch sein Selbstopfer ein wenig zur Erlösung der Welt vom Bösen, von den Anderen, beigetragen.

Selbstopfer

Judith

Judith ist eine etwa 18 Jahre alte (vgl. S. 164) Jüdin aus einer wohlhabenden Hamburger Bürgersfamilie. Da sie als Jüdin – trotz Taufe (vgl. S. 123) – von den Anderen bedroht ist, kommt sie nach Rerik, um dort weitere Fluchtmöglichkeiten auszuloten. Schnell merkt sie trotz ihres jugendlichen Alters, dass sie sich rasch von ihren romanti-

Judith als junge und naive Frau

schen Vorstellungen von der Welt trennen muss, um zu überleben. Sie erkennt später: „Rerik war nicht romantisch, man wurde hier erwachsen, man wurde hier ein zu schnell erwachsenes leichtes Mädchen." (S. 91)

Loslösung von romantischen Vorstellungen

Die erste romantische Vorstellung hat sie gewissermaßen von ihrer Mutter geerbt. Diese hat wegen ihrer gelähmten Beine die Hoffnung auf eine Flucht aufgegeben und mit Gift Selbstmord begangen. Ihr war klar gewesen, dass die Juden keine Chance haben werden: „Sie werden ihren Krieg machen [...]. Und sie werden uns alle sterben lassen in diesem Krieg." (S. 21) Als „Testament" (S. 22) hat sie Judith geraten, die Flucht von Rerik aus zu versuchen. In Rerik kann Judith den Rat der Mutter als „kleines, sentimentales Faible für Rerik" (S. 20 f.) einschätzen. Sie empfindet nicht nur die „riesigen roten Türme" (S. 22) von Rerik als Bedrohung, als „böse Ungeheuer" (ebd.). Auch wird ihr klar, dass Rerik eine „Falle" (S. 41) auf ihrer Flucht ist, da es keine Fluchtmöglichkeiten bietet: „es lag kein Dampfer, kein noch so kleiner Dampfer im Hafen." (S. 22)

Judith hat sich ein Zimmer im Gasthof genommen und bemerkt, dass sie sich hierdurch in eine kritische Situation manövriert hat. Sie muss ihren Pass vorweisen, aber schon ihr Name ist verräterisch: „Judith Levin. Es war ein stolzer Name, ein Name, der abgeholt werden würde, ein Name, der sich verbergen musste." (S. 23) Beim Eintrag ins Gästebuch nennt sie sich „Judith Leffing" (ebd.).

Verräterische Papiere

Doch damit wird der Wirt zur nächsten Bedrohung, immer wieder fragt er sie nach ihrem Pass: „Bringen Sie mir nur ihren Paß, sagte er mit einer Stimme, die so weiß war wie sein Gesicht, sonst muß ich heute nacht klopfen und Sie aus dem Bett holen!" (S. 41) Die unverhohlene Lust des Wirts lässt Judith begreifen, „für welchen Preis sie es vergessen durfte, dem Wirt den Paß zu geben." (Ebd.) Der Zwang, sich zur eigenen Rettung zu prostituieren, bedeutet eine weitere Ernüchterung (vgl. S. 42). Aber sie sieht darin auch eine Chance zur Rettung: „Die kindliche Tour, dachte Judith, ich muß die kindliche Tour schieben." (Ebd.)

Wirt als Bedrohung

Ausprobieren verschiedener Rollen

Später reizt sie diese Möglichkeit noch weiter aus, indem sie den Wirt provoziert:

> Schlimmstenfalls müssen Sie mich wecken, sagte sie frech, mit einem Rückfall ins Backfischhafte […]. Das kann aber spät werden, heute nacht. […] Es war ihm anzumerken, was er dachte. Eine hübsche junge Krabbe bin ich in seinen Augen, dachte Judith, eine hübsche verdorbene Krabbe. Ich bringe den Paß schon noch herunter, ehe ich schlafen gehe, sagte sie. Wie sie wollen, wiederholte er, nun fast eifrig. Es macht mir nichts aus, Sie zu wecken. (S. 84)

Schwedischer Dampfer als Fluchtmöglichkeit

Als sie im Hafen einen schwedischen Dampfer anlegen sieht, ernüchtert sie dessen Anblick bereits, bevor sie nach einer Fluchtmöglichkeit geforscht hat:

> Sie sah die ganze Schäbigkeit dieses kleinen, ausgedienten Dampfers, seine nachlässige Bemalung mit den großen roten Mennigflecken, die im Licht grell leuchteten – die Reederei steckt kein Geld mehr in einen richtigen Anstrich – […] Es gibt auf diesem Dampfer keine Offiziere, dachte Judith, keine gebildeten Männer, an die ich mich wenden kann; in ihrer Vorstellung tauchte das Bild eleganter, blaugekleideter Seeoffiziere auf, mit goldenen Streifen an den Ärmeln, ein schmissiges Plakat von Herren, Kavalieren mit intakten Ehrbegriffen, schweigend bereit, den Schutz einer Dame zu übernehmen." (S. 71)

Judith erkennt, dass sie im wirklichen Leben „Geld anbieten mußte" (ebd.).

Einladung des Seemanns

Im Gasthaus folgt sie der Einladung des schwedischen Seemanns, mit ihm auf das Schiff zu kommen, und nimmt dafür die Beschimpfung des Wirts, der seine Chance schwinden sieht, als „Flittchen" (S. 87) in Kauf. Wieder erkennt sie ihren Absturz aus der „Hamburger Villa" zur „Dirne" (S. 89) schmerzlich: „es war ein zu rascher Sprung gewesen, von der Georginenvilla […] in die Härte einer Mädchenherumtreiberei, einer Flittchenflucht." (S. 91)

Aber auch die Hoffnung auf die Hilfe des schwedischen Offiziers verflüchtigt sich schnell. Er ist nur der Steuermann des Schiffes und verfügt noch nicht einmal über den Schlüssel zum Schrank mit dem Whisky und bietet ihr stattdessen Limonade an. Ihre Verzweiflung bricht sich auf hysterische Weise Bahn:

> Judith brach plötzlich in ein Gelächter aus. Sie prustete förmlich ihr Lachen heraus. Der Kapitän hatte die Schlüssel in der Tasche, die Schlüssel zu ihrer Flucht vor dem Tode. Aber

> der Kapitän war an Land gegangen. Ihr Lachen stieg auf wie Kohlesäurebläschen in der grünen Flasche vor ihr. Sie las das Etikett. „Apotekarnas Sockerdricka" stand darauf. Apotekarnas Sockerdricka, Apotekarnas Sockerdricka lachte sie, lachte es hell hinaus, sie jubelte es beinahe, und auf einmal merkte sie, daß sie weinte, schluchzend stand sie auf und ging an dem Steuermann vorbei, an dem anständigen, unreifen, verständnislosen, peinlich berührten Gesicht vorbei und verließ die Kajüte. (S. 92)

Desillusionierung

Wieder erlebt sie schmerzlich einen weiteren Schritt auf dem Weg ihrer Desillusionierung. Alle Fluchtwege, die sie sich ausgemalt hat, erweisen sich als romantischer Traum. Selbst das Verruchte der Flittchen-Rolle scheitert an einem harmlosen und hilflosen jungen Mann: „ Er hat auf einmal Angst vor seinem Mut bekommen, Angst vor seinem Kneipenmut, vor seinem Kneipenverlangen, [...] nun ist ihm die Sache peinlich, er ist in Wirklichkeit ein ordentlicher junger Mann aus einer ordentlichen Familie." (S. 90)

Scheitern ihrer Fluchtpläne

Gregor als Bild der Wirklichkeit

Der Wirklichkeit begegnet sie dann in Person Gregors. Dieser hat sie schon länger im Blick und spricht sie an, als sie das Schiff verlässt. Als sie in ihm den jungen Mann im grauen Anzug aus der Gaststube wiedererkennt, beginnt in ihr der Bewusstwerdungsprozess, dass die wirkliche Hilfe nicht ihren idealisierten Vorstellungen entspricht. Gregor kann sie durch seine knappe und bestimmende Art überzeugen, so dass sie ihm rasch vertraut und mitkommt. Sie ist von seiner Menschenkenntnis verblüfft (vgl. S. 124), und obwohl er sie ziemlich heftig verhöhnt, fühlt sie sich „nicht beleidigt" (S. 125). Judith wird

> bewußt, daß sie keinen Moment lang auf die Idee gekommen war, sich etwa an einen von ihnen [den jungen Männern aus dem Tennisclub] um Hilfe zu wenden. Zu den Spielregeln dieser Tennispartner und Gentlemen gehörte das Hallo und die Selbstverständlichkeit, mit der sie über ihre Lage hinwegsahen – Hilfe gehörte nicht dazu. Und beinahe lächelnd erinnerte Judith sich nun ihres letzten Traums: des Plakats von den schmissigen Seeoffizieren, den Kavalieren mit den intakten Ehrbegriffen, das sich als ein Limonadeplakat erwiesen hatte, in der Kapitänskajüte des schwedischen Schiffes. (S. 126 f.)

Zu diesen Erinnerungen Judiths bildet Gregor den entscheidenden Gegensatz: „Er war ganz anders als die jungen Männer aus dem Tennisclub [...]. Das Gesicht der Hilfe sah anders aus – vielleicht sah es aus wie das schmale, magere Gesicht eines Automonteurs oder wie das flüchtige, Tempo verratende Gesicht eines Fliegers, auf jeden Fall aber war es ein unauffälliges Gesicht, ein Gesicht, das sich nicht gerne zeigte, weil es in irgendwelche Arbeiten vertieft war." (S. 126 f.)

Annäherung an Gregor

Welche Gedanken und Gefühle Judith später mit dem beinahe stattgefundenen Kuss zwischen ihr und Gregor (vgl. S. 131) verbindet, erfährt der Leser nicht.

Emanzipation von falschen Vorstellungen

Anders als die übrigen Figuren, die sich durch die Aktion „Lesender Klosterschüler" von nicht mehr gültigen Bindungen und Wertvorstellungen freimachen und neue Ziele finden, erlebt Judith nur eine fundamentale Desillusionierung. Neue Orientierungspunkte gewinnt sie nicht. Zwar zeigt sie später, als sie den Jungen ermahnt, Knudsen nicht im Stich zu lassen, mit ihm zusammen zurückzukehren und auf seine Abenteuerträume zu verzichten (vgl. S. 165), eine verantwortliche und erwachsene Haltung, aber keine neue Orientierung. Insofern bleibt Judith eine passive Figur, die sich auch bis zum Ende nicht aus der Opferrolle befreit. Aber in ihrer Rettung verwirklichen sich ein Stück weit das Prinzip der Freiheit und der Unantastbarkeit der Menschenwürde sowie die Hoffnung auf eine humane Zukunft von Gesellschaft und Geschichte.

Der Junge

Ausnahmestellung des Jungen

Der Junge nimmt unter den Personen des Romans eine Ausnahmestellung ein. Zum einen liefert er die Stichworte für den programmatischen Romantitel. Zum anderen ist er zu keiner Zeit von den Anderen bedroht und handelt vollkommen aus innerem Antrieb. Als Individuum bleibt er jedoch relativ konturlos. Der Leser erfährt weder seinen Namen noch etwas über sein Aussehen. Das Alter von 15 Jahren deutet lediglich auf einen jungen Menschen an der Schwelle zwischen kindlicher Weltsicht und erwachsenem Verhalten hin.

Die Konturlosigkeit dieser Person lässt zwei Erklärungsmöglichkeiten zu. Einerseits läuft der Junge neben der Erwachsenenwelt her, so dass er von dieser gar nicht richtig wahrgenommen und daher auch nie aus der Perspektive einer der anderen Personen geschildert wird. Andererseits dient er als eine leere Projektionsfläche, auf der allgemeine Entwicklungen ohne individuelle Bedrohung abgebildet werden können. Daher tauchen auch die Abschnitte des Jungen mit präziser Regelmäßigkeit auf. Doch auch er macht eine Krise durch und muss sich neu orientieren.

Leben in einer Traumwelt

Anfangs lebt er in seiner eigenen Traumwelt. Er fühlt sich gelangweilt, weil „in Rerik nichts los war" (S. 10). Dabei steht ihm der Sinn nach möglichst spektakulären Abenteuern. In seinem Versteck liest er gern in Abenteuerbüchern, wobei Huckleberry Finn, die Titelfigur des Romans *The Adventures of Huckleberry Finn* (1884) des amerikanischen Autors Mark Twain (1835–1910), sein Idol ist.

Vorbilder aus Abenteuerromanen

Huckleberry Finn lebt als Obdachloser ohne Eltern, raucht und macht in vollkommener Freiheit das, was er möchte. Diese Unabhängigkeit von der Welt der Erwachsenen ist es, die den Jungen an Huck so fasziniert. Ein Verknüpfungspunkt zwischen den Biografien beider besteht darin, dass ihre Väter Trinker waren. Erst später nimmt der Junge den Unterschied zwischen ihnen wahr: „Huck Finn, der floh nicht, weil es irgendwo zu langweilig war. Er floh, weil er verfolgt wurde. In Rerik, dachte der Junge, gab es keine Verfolgungsjagden." (S. 59)
Auch die anderen Lektüretitel repräsentieren überwiegend Abenteuerromane englischsprachiger Autoren, was den Lektüreempfehlungen im Nationalsozialismus widerspricht. Der Rückzug in das von außen unbeeinflusste Lesen stellt einerseits den Widerstand des Jungen gegen die Welt der Erwachsenen dar, andererseits verdeutlicht er eine Parallele zum „Lesenden Klosterschüler": „Er sah vom Buch auf" (S. 7) und denkt ans Weggehen; parallel dazu heißt es vom „Lesenden Klosterschüler": „Er sieht aus wie einer, der jederzeit das Buch zuklappen kann und aufstehen, um etwas ganz anderes zu tun." (S. 49)

Parallele zum „Lesenden Klosterschüler"

Vater als Vorbild

Sein Vater bildet zu Anfang noch einen wichtigen Bezugspunkt, obwohl er in Rerik als Säufer verschrien war.

Er war Fischer und ist mit seinem Kutter immer wieder aufs Meer hinausgefahren. Von einer dieser Fahrten ist er dann nicht mehr zurückgekommen. Es ist die Abenteuerlust des Jungen, die ihm den Vater dennoch als idealisiertes Vorbild erscheinen lässt:

> Möglich, daß Vater ein Säufer war, aber er fuhr doch nicht mit seinem Boot aus die offenen See hinaus, weil er trank. […] War es nicht gerade umgekehrt, wie sie behaupteten, fragte er sich; trank Vater etwa, weil er auf die offene See hinaus mußte? Trank er sich Mut an, weil die unheimliche See ihn rief, und trank er, um zu vergessen, was er draußen gesehen hatte […] (S. 19).

Wunsch nach Flucht

Der Junge projiziert seine eigenen Wünsche auf den Vater: „Er war gestorben, weil er nie etwas zu sehen gekriegt hatte. Seine sinnlosen, betrunkenen Fahrten auf die offene See waren Ausbrüche aus einer Welt gewesen, in der er nie, niemals etwas zu sehen gekriegt hatte.“ (S. 43)

Hass auf Rerik und seine Bürger

Da die anderen Bürger von Rerik seinen Vater wegen des Alkohols geächtet haben, hegt der Junge einen tiefen Hass auf sie: „Ich hasse sie alle, und das ist der zweite Grund, warum ich von Rerik weg muß.“ (S. 14) Eine Möglichkeit, aus Rerik wegzukommen, sieht der Junge darin, dass er auf einem Schiff anheuert und Seemann wird, was ihm seine Mutter aber nicht erlaubt: „Ich krieg’ keine Heuer in Hamburg oder sonstwo, wenn ich nicht eine Genehmigung von meiner Mutter mitbringe […]. Mit sechzehn krieg’ ich gar nichts ohne ein Papier von meiner Mutter.“ (S. 59)

Abschied von Jugendträumen

Als er vor dem Auslaufen mit Knudsen noch einmal in sein Versteck geht und seine Bücher hervornimmt, stellt er eine Veränderung fest: „die Bücher sind prima, aber sie stimmen alle nicht mehr, so, wie es in den Büchern zugeht, so geht es heute nicht mehr zu“ (S. 94). Er nimmt Abschied von den Fantasien und Träumen der Jugend und wendet sich der Wirklichkeit zu: „Und zugleich wußte er, daß er mit den Büchern zu Ende war, weil er erkannt hatte, daß man Papiere brauchte; […]. Er spürte, daß der Speicher nichts mehr für ihn war, er war nur ein Versteck, und ein Versteck war zu wenig, […]. Er war bald sechzehn Jahre alt, und er hatte begriffen, daß er mit dem Speicher und mit den Büchern zu Ende war.“ (Ebd.)

Verantwortungsvolle Aufgabe bei der Rettung

Ohne dass er gefragt worden wäre, wird ihm eine wichtige Rolle in der Aktion „Lesender Klosterschüler" zuteil. Als er begreift, dass Knudsen und damit auch er an einer illegalen Aktion beteiligt ist, steigt seine Bewunderung für seinen Chef schlagartig (vgl. S. 116). Dass er im Rahmen der Aktion das Beiboot über das Haff rudern und die Passagiere an Bord holen soll, befriedigt zunächst seine Abenteuerlust. Aber er verbindet damit auch die Hoffnung, dass er sich selbst nach Schweden absetzen kann.

Aktion als Abenteuer und Chance zur Flucht

Allmählich fängt der Junge an, die Zusammenhänge der Aktion zu begreifen: „das ist 'ne politische Sache." (S. 164) Über die Rolle der Juden weiß er nichts, aber er vergleicht Judith mit dem Schwarzen in *Huckleberry Finn*: „aber er verstand plötzlich, daß Juden so etwas Ähnliches waren wie Neger, das Mädchen spielte hier an Bord die gleiche Rolle wie der Neger Jim für Huckleberry Finn, sie war jemand, den man befreien mußte." (Ebd.)

Als Judith begreift, dass der Junge die Aktion zur eigenen Flucht nutzen möchte, appelliert sie an sein Verantwortungsgefühl gegenüber Knudsen: „Das kannst du nicht! [...] Stell dir vor, wenn er ohne dich zurückfahren muß, dann ist er doch geliefert." (S. 165) Doch von diesem Appell zeigt der Junge sich ganz unbeeindruckt: „Meinetwegen, dachte der Junge, er ist nur ein Erwachsener. Es ist besser, sie verhaften ihn, als daß ich noch zweieinhalb Jahre mit ihm Küstenfischerei machen muß." (S. 166)

Abenteuer in Schweden

In Schweden nutzt der Junge den Landaufenthalt dann tatsächlich zur Flucht. Aber sein Abenteuer gelingt nicht in dem erhofften Maße. Zwar findet er eine offene Blockhütte im Wald mit einem Boot davor, wo er sich für sein Abenteuer einrichten möchte. Aber als er Fische fängt und zubereitet, ist er enttäuscht: „Sie schmeckten nach nichts, weil er kein Salz hatte." (S. 178) Er „entschloß sich, zum Strand zurückzugehen und nachzusehen, ob Knudsen abgefahren war. Erst wenn Knudsen abgefahren ist, dachte er, bin ich wirklich frei." (Ebd.) Als er jedoch Knudsen auf seinem Boot wartend vorfindet, kehrt er zu ihm zurück: „Er schlenderte auf das Boot zu, als sei nichts geschehen." (S. 179)

Rückkehr zu Knudsen

Warum er dies tut, teilt uns der Erzähler nicht mit. Hat Judiths Appell doch noch Früchte getragen und der Junge übernimmt Verantwortung für Knudsen, wird also allmählich erwachsen? Hat er erkannt, dass sein Traum vom Abenteuer nicht gestimmt hat, dass das Abenteuer nicht seinen romantischen Vorstellungen entspricht? Hat er erkannt, dass Knudsen das Abenteuer in seiner Welt in Rerik gefunden hat? Jedenfalls nimmt er von seinem Traum Abschied: „Der Junge blickte nicht mehr in den Wald zurück, als er den Steg betrat." (Ebd.)

Sonderrolle des Jungen

Der Junge nimmt mit seiner Entwicklung eine Sonderrolle unter den Personen ein. Er ist nicht gefährdet, sondern will weg, weil das Leben in Rerik ihn anödet und er Abenteuer sucht. Immer wieder sucht er sich die Gründe zusammen, warum er unbedingt von Rerik weg will, nur der dritte Grund fällt ihm zunächst nicht ein. Erst als er bemerkt, dass die Bücher für ihn ausgedient haben, und als er sich von seinen Jugendträumen ein Stück weit verabschiedet, fällt ihm der dritte Grund wieder ein: „Man mußte Rerik verlassen, erstens, weil in Rerik nichts los war, zweitens, weil Rerik seinen Vater getötet hatte, und drittens, weil es Sansibar gab, Sansibar in der Ferne, Sansibar hinter der offenen See, Sansibar oder der letzte Grund." (S. 95)

Sansibar als Leitbild für selbstbestimmtes Handeln

Während die ersten beiden Gründe negativ sind, stellt Sansibar ein positives Leitbild dar. Zwar verkörpert die Insel den Traum von einem exotischen Paradies, einer Utopie, aber immerhin ist sie ein Leitbild, das sich der Junge selbst setzt und das es zu erreichen gilt. Da Sansibar in dieser allgemeinen Bedeutung ein selbstbestimmtes und engagiertes Handeln symbolisiert, wird die Insel zur Titelmetapher des gesamten Romans.

Insofern fokussiert sich die Aussage des Romans in der Person des Jungen. Er erlebt eine grundlegende Krise, verabschiedet sich von romantischen Vorstellungen und Utopien, die er als nicht mehr angemessen erkennt, und findet schließlich zu einem verantwortungsvollen und selbstbestimmten Handeln, ohne durch äußere Zwänge dazu veranlasst worden zu sein. Er hat einen wesentlichen Grund menschlicher Existenz erkannt: das Prinzip der Freiheit und dessen Verwirklichung durch Selbstbefreiung im Handeln für die Mitmenschen.

Kompositionsprinzipien

- Die Insel als utopischer Ort
- Farben als Symbole für individuelle Situationen
- Das Dingsymbol „Lesender Klosterschüler"
- *Sansibar* als experimenteller Roman
- Parallelen zu Drama und Novelle

Bildersprache und gattungsübergreifende Merkmale

Motive und Symbole

Die Begriffe „Motiv" und „Symbol"

In der Literatur stellt das **Motiv** einen kleinen Baustein der Handlung dar, indem es eine typische und menschlich bedeutungsvolle Situation einbringt, zum Beispiel „die feindlichen Brüder" oder „die Liebe zwischen Kindern aus verfeindeten Familien". Ein Motiv bildet nicht den gesamten Plot des Werkes, sondern lediglich ein Handlungselement oder einen Vorgang. Es kann in verschiedenen Werken entweder in gleicher oder variierter Form vorkommen.

Motiv: kleiner Baustein der Handlung

Unter einem **Symbol** wird ein wahrnehmbarer Gegenstand, Vorgang oder eine Situation verstanden, die über sich hinaus auf eine abstrakten, nicht wahrnehmbaren Bereich verweisen. Symbole erhalten erst in einem bestimmten Zusammenhang ihre Bedeutung. Ein Beispiel ist das Kreuz für das Christentum.

Symbol: Verweis auf einen abstrakten Bereich

Die Insel Sansibar

Das Motiv der Insel kommt in der Literatur seit der Antike vor. Die Insel kann Ort der Geborgenheit, des Asyls und des Paradieses, aber auch des Exils, der Verbannung, der Leere und Langeweile sein. Als Sehnsuchtsort taucht sie erst ab dem 16. Jahrhundert in der Literatur auf. Der lateinische Titel eines Romans des englischen Politikers, Humanisten und Schriftstellers Sir Thomas More (der als Heiliger den latinisierten Namen Thomas Morus erhielt) *Nova insula Utopia* (1516) ist dabei mittlerweile in der Alltagssprache („Utopie") nachgeprägt worden. Uto-

Tradition des Inselmotivs

pie kommt aus der Zusammensetzung von griech. *ou* („nicht“) und *tópos* („Ort“) und bezeichnet einen erdachten Ort, der wie in Thomas Morus’ Roman das Bild eines idealen Staates und einer idealen Gesellschaft entwirft. Zwei Jahrhunderte später variiert der Roman *Robinson Crusoe* (1719) von Daniel Defoe (um 1660–1731) das Motiv des Lebens auf einer Insel. Robinson, der durch Schiffbruch auf eine einsame Insel verbannt ist, sich nicht unterkriegen lässt und in der Not alles selbst erschafft, was er braucht, fungiert als Vorbild des englischen Mittelstandes und Lesepublikums seiner Zeit.

Die Vorstellungen des Jungen von der erträumten Insel Sansibar, die es real vor der Ostküste Afrikas gibt, sind weniger konkret. Der Name ist ihm aus seinen Abenteuerbüchern bekannt, und es geht ihm weniger um den konkreten Entwurf einer besseren Gesellschaft als der in Rerik. Für ihn ist der Name mehr mit der diffusen Vorstellung von einem exotischen Paradies, das Abenteuer verheißt, verbunden. Aber die titelgebende Bedeutung der Insel geht über diese Vorstellung hinaus. Denn anfangs fällt ihm der dritte Grund nie ein; erst als er sich von seinen Abenteuergeschichten innerlich verabschiedet hat und ihm klar wird, dass man zu einem Aufbruch mehr braucht als unbestimmte Unzufriedenheit mit den Erwachsenen, tritt Sansibar als neue Zielvorstellung in sein Bewusstsein. Da sich alle Hauptfiguren des Romans in einer solchen Aufbruchssituation befinden, wird Sansibar zum zentralen Symbol des Romans, zum Symbol für ein positives Ziel selbstbestimmten Handelns.

Sansibar als Symbol des selbstbestimmten Handelns

Die Symbolik der Farben

> In den drohenden Tag, in den kalten, farblosen, späten Oktobertag hatten sich merkwürdige Sensationen gelegt wie farblose Emailflächen, die roten Türme von Rerik, die Erinnerung an den goldenen Schild von Tarasovka, die Figur des jungen Mannes, der las. (S. 74)

Farben werden mit Gefühlen und Situationen assoziiert

Kurz nach diesen Eindrücken folgt Gregors Erkenntnis: „Er begriff auf einmal […], daß er frei war“ (ebd.). An dieser Stelle wird besonders deutlich, dass einzelne Farben im Roman stets mit bestimmten Gefühlen, Erkenntnissen oder Situationen assoziiert sind.

Gold und Blau

Die Farbe „Gold“ verbindet sich für Gregor mit dem Verrat an der Partei und der neu zu erringenden Freiheit: „er war plötzlich fasziniert von dem goldenen Schmelzfluß des Schwarzen Meeres [...]. Der Verrat hatte darin bestanden, daß ihm, als Einzigem, der goldene Schild wichtiger gewesen war als die Einnahme der Stadt.“ (S. 27) Gleiches gilt für die Farbe Blau: Nach der überwundenen Bedrohung „würde das Meer, zum Beispiel das Meer sich wieder mit einem Vogelflügel vergleichen lassen, einer Schwinge aus eisigem Ultramarin, die den Spätherbst Skandinaviens umflog.“ (S. 8) Die Symbolfarbe „Blau“ wird hier mit dem Motiv der Vogelschwinge verknüpft, das ebenfalls für den Wunsch nach Freiheit steht.

Farblosigkeit

Die Farblosigkeit steht dagegen für den hoffnungsvollen Neubeginn: „Das graue Morgenlicht erfüllte die Welt, das nüchterne, farblose Morgenlicht zeigte die Gegenstände ohne Schatten und Farben, es zeigte sie beinahe so, wie sie wirklich waren, rein und zur Prüfung bereit. Alles muß neu geprüft werden, überlegte Gregor.“ (S. 163) Die Farbfülle symbolisiert jedoch Euphorie und Zuversicht:

> Der leere Tag hatte sich gefüllt: mit den Augen von Ungeheuern, die in der Ewigkeit der eisblauen See starrten, mit dem Gold seines Verrats an einem Dogma, mit der holzbraunen Gelassenheit eines ungläubigen Lesers, mit dem Windschwarz der Haare von einem bleichen, flüchtenden Gesicht. (S. 74)

Rot – Weiß – Schwarz

Das Rot der Türme vereint Gregor und Judith. Beide nehmen die „blutigroten Türme“ (S. 75) immer wieder als Gefahr wahr. Bei Judith steht das Rot der Gefahr zusätzlich in Verbindung mit „kalkweiß oder schattenschwarz“ (ebd.). So nimmt sie zum Beispiel auch das Gesicht des Wirtes, der sie bedrängt, als „fett und weiß“ (S. 40) wahr. Schwarz – Weiß – Rot waren die Farben der nationalsozialistischen Flagge, welche die tödliche Bedrohung der Jüdin durch das NS-Regime symbolisiert. Diesem Regime wird mit den Farben Blau und Gelb die schwedische Flagge gegenübergestellt (vgl. S. 75), die auf die Existenz eines Landes der Freiheit jenseits des „Hoheitsgebiets der Drohung“ (S. 8) verweist.

Flagge des Nationalsozialismus

Der „Lesende Klosterschüler“ als Dingsymbol

Skulptur als Handlungsfigur

Projektionsfläche für die Personen

Die Holzplastik „Lesender Klosterschüler“ stellt eine Art Zwitterwesen zwischen Dingsymbol und Handlungsfigur dar. Sie ist zwar keine Person im eigentlichen Sinne, da sie nicht eigenständig handelt, bildet aber eine Projektionsfläche für die handelnden Personen des Romans. Durch die Bedeutung, die sie für die Personen besitzt, löst sie die wesentlichen Handlungen überhaupt erst aus. Die gemeinsame Rettungsaktion zielt darauf, die Figur ins Ausland zu bringen und vor dem Zugriff der Anderen zu schützen. Das ist für die Beteiligten lebensgefährlich, und Helander lässt sogar sein Leben dabei.

Skulptur als Symbol

Auf der symbolischen Ebene steht der „Lesende Klosterschüler“ für Intellekt, kritisches Denken, innere und äußere Unabhängigkeit. Da sich alle Personen des Romans mit genau diesen Werten auseinandersetzen, vereint die Figur als zentrales „Dingsymbol“ sämtliche positiven Aspekte, für die der Roman eintritt.

Vorbild: Plastik von Barlach

Als Vorlage diente dem Autor eine 1930 geschaffene Holzplastik des Künstlers Ernst Barlach (1870–1936). Gregor schildert sie so:

Beschreibung durch Gregors Augen

> Sie saß, klein, auf einem niedrigen Sockel aus Metall, zu Füßen des Pfeilers schräg gegenüber. Sie war aus Holz geschnitzt, das nicht hell und nicht dunkel war, sondern einfach braun. […] Die Figur stellte einen jungen Mann dar, der in einem Buch las, das auf seinen Knien lag. Der junge Mann trug ein langes Gewand, ein Mönchsgewand, nein, ein Gewand, das noch einfacher war als das eines Mönchs: einen langen Kittel. Unter dem Kittel kamen seine nackten Füße hervor. Seine beiden Arme hingen herab. Auch seine Haare hingen herab, glatt, zu beiden Seiten der Stirn, die Ohren und die Schläfen verdeckend. Seine Augenbrauen mündeten wie Blätter in den Stamm der geraden Nase, die einen tiefen Schatten auf seine rechte Gesichtshälfte warf. Sein Mund war nicht zu klein und nicht zu groß; er war genau richtig, und ohne Anstrengung geschlossen. Auch die Augen schienen auf den ersten Blick geschlossen, aber sie waren es nicht, der junge Mann schlief nicht, er hatte nur die Angewohnheit, die Augendeckel fast zu schließen, während er las. Die Spalten, die seine sehr großen Augendeckel gerade noch frei ließen, waren geschwungen, zwei großzügige und ernste Kurven, in

den Augenwinkeln so unmerklich gekrümmt, dass auch Witz in ihnen nistete. Sein Gesicht war ein fast reines Oval, in ein Kinn ausmündend, das fein, aber nicht schwach, sondern gelassen den Mund trug. Sein Körper unter dem Kittel mußte mager sein, mager und zart (S. 48).

Barlach Stiftung (© Ernst Barlach Lizenzverwaltung Ratzeburg), Ratzeburg

Heiligtum der Kirche

Pfarrer Helander „hatte ihn vor ein paar Jahren von einem Bildhauer erworben“ (S. 34). Da er nun von den Anderen bedroht ist, weil er auf der „Liste der Kunstwerke, die nicht mehr in der Öffentlichkeit gezeigt werden sollen“ (S. 33), steht, wird er für Helander zum innersten Heiligtum seiner Kirche (vgl. S. 24) und zum Symbol seines Widerstands gegen die Anderen.

Symbol des Widerstands

Der Kommunist Knudsen sieht in der Figur zunächst nur einen „Götzen“ (S. 33), aber später wird für ihn die Aktion zur Rettung der Figur ein Vorhaben, das ihm ein Gefühl von Vitalität vermittelt.

Eine ähnlich wichtige Bedeutung wie für Helander gewinnt die Figur für Gregor. Schon beim ersten Anblick identifiziert er sich vollkommen mit ihr: „Das sind ja wir“ (S. 48). Er projiziert auf die Figur ein Konzept vom kritischen Lesen (vgl. S. 49) und sieht in ihr die Verkörperung von jemandem, „der ohne Auftrag lebt“ (ebd.). Aber er fragt sich auch, ob es denn möglich sei, nach Regeln zu leben, „ohne den Geist zu binden“ (ebd.). Seine Gefühle für die Figur schwanken zwischen Neid und Brüderlichkeit, doch mit seinem Engagement für die Figur bewältigt er seine innere Krise und gelangt zum autonomen, selbstbestimmten Handeln. „Kunst verkörpert Freiheit und steht daher selbstverständlich im Gegensatz zur Macht.“ (Williams, in: KLG, 2006). Die Holzplastik wird für alle Personen zu einem Medium der Bewusstwerdung ihrer individuellen Situation und ihrer Handlungsmöglichkeiten hin zur Freiheit.

Symbol für geistig ungebundenes Leben

Gattungsfragen

Sansibar als untypischer Roman

Die Handlung und Komposition von *Sansibar* erscheint für einen Roman relativ ungewöhnlich. Der Umfang ist eigentlich gering, die erzählte Zeit kurz, die Handlung nicht sehr komplex, die Personen werden nur in kurzen Ausschnitten aus ihrem Leben dargestellt. Traditionelle Romane weichen meist in verschiedenen Hinsichten davon ab. In der Zeit nach 1945 gab es eine allgemeine Krise der Literatur in Deutschland; man sprach von einer „Stunde Null“ und forderte den völligen Neubeginn. Viele Schriftsteller sahen das Ende des traditionellen Ro-

mans gekommen und suchten nach neuen Ausdrucksmöglichkeiten.
In diesem Zusammenhang ist auch Anderschs eher experimenteller Ansatz zu verstehen. Die Handlung des Romans ist trotz der Aufsplitterung in die verschiedenen Perspektiven der Figuren streng komponiert. Einerseits lassen sich Parallelen zur Handlungsführung klassischer Dramen erkennen. Dem würde etwa die Beschränkung des Personals auf wenige Charaktere ebenso entsprechen wie die Einheitlichkeit der Handlungsorte und die kurze Spanne der Handlungszeit. Die Handlung lässt sich in fünf Teile gliedern (siehe S. 8), was den fünf Akten des klassischen Dramas ähnelt. Da Andersch auch Hörspiele geschrieben hat, kann man durchaus Parallelen zur dramatischen Gestaltungsweise feststellen (vgl. Hinderer, 1993, S. 75).

Parallelen zum Drama und zur Novelle

Mit dem „Lesenden Klosterschüler“ fügt Andersch jedoch ein Symbol ein, das als Element der Novelle gedeutet werden kann. Eine Novelle ist eine Gattung der erzählenden Literatur von mittlerem Umfang, die bezüglich der Handlung eine ähnlich strenge Komposition wie das Drama aufweist. Als ein wesentliches Kennzeichen von Novellen sehen viele Literaturtheoretiker das zentrale „Dingsymbol“. Es ist ein für die Handlung wichtiger, das Tun und die Reaktionen der Handlungsfiguren bestimmender Gegenstand, der in seiner symbolischen Bedeutung wesentliche Aspekte zur Deutung des Textes beiträgt. In der Novelle *Der Schimmelreiter* von Theodor Storm zum Beispiel besitzt die Hauptfigur, der Deichgraf Hauke Haien, ein Pferd, das den anderen Bewohnern des Dorfes unheimlich ist. Das Pferd taucht immer wieder in der Handlung auf; es symbolisiert die Fremdheit und Außenseiterrolle Hauke Haiens in Bezug auf die Dorfgemeinschaft.

Novelle

Dingsymbol als wesentliches Element einer Novelle

Historische Bezüge

Bezug des Romans *Sansibar* zum Nationalsozialismus in Deutschland	→ Im Schicksal der Romanfiguren spiegeln sich reale Schicksale aus Deutschland im Jahr 1937 wider. → Gregor und Knudsen stehen für die Verfolgung politischer Gegner. → Helander spiegelt die oppositionelle Haltung der Bekennenden Kirche wider. → Ernst Barlachs Holzplastik „Lesender Klosterschüler" wird als „entartete Kunst" diskriminiert und verboten. → Bertha Knudsen steht für viele Kranke und Behinderte, die eingesperrt und ermordet wurden. → In Judiths Schicksal deuten sich die Gräuel an, denen andere „Rassen" durch die Verfolgung und Vernichtung im Nationalsozialismus ausgesetzt waren.

Deutschland 1937 – Der Terror des Nationalsozialismus

Parabel auf alle totalitären Staaten

Dass Andersch den Begriff Nationalsozialismus in seinem Roman vermeidet und stattdessen immer nur von den „Anderen" schreibt, weist darauf hin, dass er das Thema allgemeiner fassen möchte und statt des Nationalsozialismus jede Form des totalitären Staates meint. Andererseits spielt er auf historische und geografische Einzelheiten an: Das Jahr 1937 lässt sich aus dem Kontext erschließen (vgl. S. 31), Ort der Handlung ist die deutsche Ostseeküste; die Städte Rostock und Wismar werden wiederholt genannt. Auch die Figur Helander als Veteran des Ersten Weltkriegs passt in diesen Kontext. Die Romanhandlung ist also nicht vor einer abstrakten Kulisse angesiedelt, sondern schildert zwar eine konkrete historische Situation, verleiht ihr aber allgemeingültigere Wesenszüge.

Romanfiguren als Personifikationen des Unrechts durch die Nationalsozialisten

In den verschiedenen Romanfiguren sind unterschiedliche Aspekte des nationalsozialistischen Unrechtsstaates personifiziert. Gregor und Knudsen müssen als Mitglied der Kommunistischen Partei im Untergrund agieren, da die Partei auch im realen Deutschland verboten war. Die Kirchen waren zwar nicht offiziell verboten, doch bildete sich innerhalb der protestantischen Kirche Widerstand gegen das NS-Regime, den Helander repräsentiert. Der „Lesende Klosterschüler" hat als Vorbild eine Plastik von Ernst Barlach, dessen Kunst im Nationalsozialismus nicht gezeigt werden durfte, da sie nicht der offiziellen Lehre des Nationalsozialismus entsprach und als „entartet" galt. Sämtliche „entartete Kunst" war von der Vernichtung bedroht. Knudsens Frau Bertha leidet unter einer psychischen Störung und ist daher gefährdet. Im NS-Deutschland wurden Kranke und Behinderte systematisch diskriminiert, verfolgt und ermordet. Judith repräsentiert als Jüdin alle, die im Dritten Reich als „nichtarisch" eingestuft und daher vertrieben, verfolgt und vernichtet wurden.

Nationalsozialismus und andere Parteien

Machtergreifung Hitlers

Am 30. Januar 1933 wurde Adolf Hitler zum Reichskanzler ernannt. Der Reichstag wurde aufgelöst und Neuwahlen angesetzt. Bei der Reichstagswahl vom 5. März 1933 gewann die Nationalsozialistische Deutsche Arbeiterpartei (NSDAP) zusammen mit zwei anderen national-konservativen Gruppierungen mit 52 % die absolute Mehrheit im Parlament, wobei die anderen Parteien bei diesem Wahlkampf bereits durch Verbote behindert, durch Übergriffe terrorisiert und zum Teil in den Untergrund gedrängt wurden. Diese Mehrheit nutzten die Nationalsozialisten unter Führung von Adolf Hitler zur Durchsetzung ihrer Alleinherrschaft. Dazu wurde am 24. März 1933 das „Gesetz zur Behebung der Not von Volk und Reich", das sogenannte „Ermächtigungsgesetz", im Parlament verabschiedet, das den Reichstag ausschaltete und die Verfassung de facto außer Kraft setzte.

Verfolgung und Verbot anderer Parteien

Die KPD war schon vorher entmachtet und durch den Einzug ihres Vermögens am 26. Mai 1933 äußerlich abgeschafft worden. Durch das „Gesetz gegen die Neubildung von Parteien", das nur die Reichsregierung beschlossen hatte, wurden am 14. Juli 1933 alle Parteien außer der NSDAP verboten. Bei der erneuten Reichstagswahl am 11. November 1933 errangen die Nationalsozialisten mit ihrer Einheitswahlliste dann auch 92,1 % der Stimmen. Den Endpunkt in dieser Entwicklung markierte das „Gesetz zur Sicherung der Einheit von Partei und Staat" vom 1. Dezember 1933, das die unlösliche

Durchsetzung der Alleinherrschaft

Einparteienstaat

Verbundenheit von Staat und NSDAP festlegte. Durch Gesetze und Maßnahmen zur Gleichschaltung versuchten die Nationalsozialisten ab 1933, jede Form gesellschaftlicher Pluralität in möglichst allen Bereichen gesellschaftlichen und kulturellen Lebens abzuschaffen. Das „Ermächtigungsgesetz" war zunächst nur für vier Jahre beschlossen, wurde dann aber im Jahr 1937, der erzählten Zeit von *Sansibar*, vom nationalsozialistischen Reichstag um weitere vier Jahre verlängert. Ein Mittel des staatlichen Terrors waren die neben den staatlichen Gefängnissen seit März 1933 aufgebauten Konzentrationslager, in denen politische Gegner und verfolgte Menschengruppen ohne Gerichtsurteil gefangen gehalten wurden, Zwangsarbeit verrichten mussten, zu medizinischen Versuchen missbraucht und systematisch ermordet wurden.

Verfolgung und Inhaftierung politischer Gegner

Sansibar: Situation der KPD 1937

Die Situation der KPD spiegelt sich in *Sansibar* wider: Gregor als Instrukteur mit Ausbildung in Moskau kommt heimlich nach Rerik, um dort den Genossen die neuen Parteipläne zu erläutern. Die Parteigruppe in Rerik hat sich längst aufgelöst, nur noch Knudsen ist übrig geblieben. Auf Knudsen wird von der staatlichen Obrigkeit Druck ausgeübt, um ihn und die Partei ruhigzustellen, indem ihm mit der Deportation Berthas gedroht wird (vgl. S. 16 f.). Knudsens Enttäuschung von der Partei, die seiner Meinung nach nicht rechtzeitig gehandelt hatte (vgl. S. 15), hat einen Bezug zur realen KPD, da diese die politische Bedrohung durch den Nationalsozialismus lange falsch eingeschätzt und taktisch ungeschickt gehandelt hatte. Die Verbindung mit der Partei in Rerik hat heimlich über den fiktiven Mittelsmann Brägevoldt (vgl. S. 52) stattgefunden. Das Fünfergruppensystem, das Gregor den Genossen in Rerik nahebringen will, soll dazu dienen, dass die Partei nicht vollkommen lahmgelegt wird, wenn führende Mitglieder verhaftet werden. Gregor ist sich der Gefahr der Situation bewusst, da er damit rechnet, in ein Konzentrationslager interniert und eventuell hingerichtet zu werden (vgl. S. 70). Knudsen und Gregor repräsentieren die Kommunisten, die durch die Repressionen des totalitären Staates in den Untergrund gezwungen werden.

Untergrundkampf gegen das Regime

Nationalsozialismus und die Kirchen

Zwiespältige Haltung der Kirchen

So wie die Haltung der Nationalsozialisten gegenüber den christlichen Kirchen widersprüchlich war, waren sich die Kirchen in ihrer Haltung gegenüber dem Nationalsozialismus keineswegs einig. Die Nationalsozialisten sahen in den „beiden christlichen Konfessionen wichtige Faktoren der Erhaltung [deutschen] Volkstums" (Regierungserklärung von Adolf Hitler von 1933, zit. nach: Ritter, 2003, S. 142). Mit der katholischen Kirche war 1933 ein Reichskonkordat geschlossen worden, das die wechselseitigen Pflichten von Staat und Kirche festlegte, aber von den Nationalsozialisten von Anfang an unterlaufen wurde. „Die evangelische Kirche sollte […] zu einer einheitlichen Reichskirche unter NS-konformer Führung umgestaltet werden." (Ritter, 2003, S. 140) Dagegen regte sich in der protestantischen Kirche frühzeitig der Widerstand einer Minderheit, der 1934 zur Gründung der „Bekennenden Kirche" führte. Ihr theologischer Lehrer war Karl Barth, auf den Helander sich bezieht (vgl. S. 112). Der Schweizer evangelische Theologe Karl Barth (1886–1968) war seit 1930 Professor für Theologie in Bonn und wurde 1935 aus dem Lehramt entlassen, da er den Amtseid auf Hitler verweigert hatte. Er kehrte danach in die Schweiz zurück. In der „Barmer Theologischen Erklärung" von 1934 finden sich die wesentlichen Gedanken aus dieser Phase des Theologen; sie wurde zum theologischen Fundament der „Bekennenden Kirche" im Hinblick auf ihren Widerspruch gegen den Nationalsozialismus.

Gleichschaltung der Kirchen mit dem Staat

Bekennende Kirche

Karl Barth

Widerstand der Bekennenden Kirche

Helander als Anhänger der Bekennenden Kirche

In Helander spiegeln sich nicht nur die kritisch oppositionelle Haltung gegenüber dem Regime, sondern auch theologische Grundüberzeugungen Karl Barths. Wie sein Vorbild spricht Helander vom fernen Gott (vgl. S. 112) und leidet an der Nicht-Erfahrbarkeit Gottes. Doch er leistet auch gewaltsam Widerstand, den Karl Barth theologisch gerechtfertigt hat –, und zwar mit seinen Schüssen auf die Vertreter der Gestapo. Indem Helander sein Schicksal selbst in die Hand nimmt und sich nach den durchlittenen Zweifeln zur Tat entscheidet, findet er im freien Handeln zu seinem Gott zurück.

Nationalsozialismus und die Kunst

Staatliche Reglementierung der Kunst

„Entartete Kunst"

Verbot nicht genehmer Kunst

Zu den Maßnahmen der Gleichschaltung im kulturellen Leben gehörte im Nationalsozialismus auch die Einflussnahme auf die Kunst. Alle Kunst, die nicht dem Schönheitsideal und Kunstverständnis der Nationalsozialisten entsprach, wurde als „entartet" bezeichnet. War der Begriff auch früher schon verwendet worden, wurde er von den Nationalsozialisten mit rassistischen Bedeutungen aufgeladen und sollte eine Verfallserscheinung bezeichnen. Betroffen war davon neben jeder Form moderner Kunst, die als pessimistisch und pazifistisch und daher „artfremd" diffamiert wurde, auch jede politisch nicht genehme künstlerische Äußerung. Auch die Werke von jüdischen Künstlern gehörten dazu.

In erster Linie richtete sich der Begriff „entartet" gegen Werke der bildenden Kunst, war aber bald auch in anderen Sparten wie Literatur, Musik (z. B. Jazz), Architektur, Theater, Film, Presse und Rundfunk und allen Arten der Alltagsästhetik (z. B. Gartengestaltung) gebräuchlich. Die Künstler wurden als „Nichtskönner und Gaukler" (Adolf Hitler, zit. nach: Ritter, 2003, S. 132) oder als „Raritätenkabinett von Erzeugnissen kranker Gehirne" (Alfred Rosenberg, zit. nach: Ebd., S. 133 f.) diffamiert. Zu den verfemten Kunstströmungen gehörten zum Beispiel der Expressionismus, der Dadaismus, abstrakte Kunst oder die Neue Sachlichkeit, zu den verfemten Musikern und Künstlern Arnold Schönberg, Hanns Eisler, Emil Nolde, Oskar Kokoschka und Ernst Barlach.

Vernichtung der Werke und Verfolgung der Künstler

Durch das „Gesetz zur Wiederherstellung des Berufsbeamtentums" von 1933 wurden progressive Künstler, Professoren und Museumsleiter aus dem Staatsdienst vertrieben. Maßnahmen gegen die als „entartet" klassifizierten Werke waren die öffentliche Bücherverbrennung 1933 und die Verfolgung von Malern und Musikern, welche in großer Zahl bereits 1933 emigrierten. Die Werke der verfemten Künstler wurden beschlagnahmt (insgesamt mehr als 16 000), in Depots gebracht, ins Ausland verkauft oder vernichtet. Die Ausstellung „Entartete Kunst" im Jahre 1937 in München war als erzieherische Maßnahme für das Volk geplant, da parallel dazu die staatlich geförderte Kunst in der Ausstellung „Erste Große Deutsche Kunstausstellung" gezeigt wurde.

In *Sansibar* steht mit dem „Lesenden Klosterschüler" ein reales Kunstwerk im Mittelpunkt, das im Nationalsozialismus als „entartet" galt. Das Vorbild ist eine Holzplastik von Ernst Barlach (vgl. die Abbildung auf S. 69), der tatsächlich auf der Liste der Künstler stand, „die nicht mehr in der Öffentlichkeit gezeigt werden" (S. 33) sollten. Die angedrohte Beschlagnahmung der Figur löst die Kernhandlung des Romans aus. Helander will sich der staatlichen Bevormundung widersetzen, indem er die Figur verschwinden lässt, wobei er seine eigene Verhaftung riskiert. Die anderen Personen erkennen in der Rettungsaktion die Möglichkeit, sich dem Unrechtsstaat zu widersetzen und so einerseits der subversiven Kraft der Kunst zur Geltung zu verhelfen, andererseits sich selbst der Gleichschaltung zu entziehen und die innere Freiheit zu bewahren.

Der „Lesende Klosterschüler" als „entartete Kunst"

Widerstand gegen Unrechtsstaat

Nationalsozialismus und „lebensunwertes Leben"

Das Leitbild der Nationalsozialisten für eine deutsche Bevölkerung war der Arier, ein Herrenmensch, blond und blauäugig und anderen Rassen überlegen. Erklärtes Ziel war es, nur erbgesunden arischen Nachwuchs zu erzeugen, um eine überlegene „Herrenrasse" zu züchten. Das „Gesetz zu Verhütung erbkranken Nachwuchses" von 1933 verfügte die Zwangssterilisation von Personen, die diesen Vorstellungen der Nationalsozialisten nicht entsprachen. Zu den vermeintlichen Erbanlagen, die unter diese Bestimmung fielen, gehörten „Schwachsinn", Schizophrenie, manisch-depressive Störung, Epilepsie, Blindheit, Taubheit, körperliche Missbildung und schwerer Alkoholismus. Insgesamt waren von der Zwangssterilisation über 400 000 Personen betroffen.

Zwangssterilisation von Kranken und Behinderten

1935 wurde per Gesetz die Eheschließung mit Menschen, die eine Erbkrankheit oder eine geistige Behinderung hatten, verboten. Ab 1939 wurden die Betroffenen im Rahmen einer Aktion, die später den Namen T4 erhielt (die zentrale Leitung hatte ihren Sitz in der Berliner Tiergartenstraße 4), systematisch vernichtet. Neben der Begründung, Erbkrankheiten ausrotten zu wollen, sollten auch Anstaltskosten gespart werden. 40 Gutachter wurden bestellt, die nach Aktenlage ohne persönliche Untersuchung die Opfer auswählten. Die Anstalten, die

Systematische Vernichtung der Kranken und Behinderten

die Patienten melden mussten, wurden im Unklaren gelassen, wozu ihre Meldungen dienten. Mit den sogenannten „grauen Bussen" wurden die Betroffenen abgeholt und auf Umwegen zu sechs eigens eingerichteten Tötungsanstalten gebracht. In als Duschräume getarnten gasdichten Tötungsräumen wurden die Opfer durch Gas zu Tode gebracht und die Leichen in Krematorien sofort verbrannt. Den Angehörigen wurde brieflich der „unerwartete" Tod ihres Familienmitglieds durch eine Infektion mitgeteilt; wegen des Infektionsrisikos sei der Leichnam sofort eingeäschert worden. Durch die Vertauschung von Briefköpfen, die Angabe weit entfernt liegender Anstalten, gefälschte Sterbedokumente und gefälschte Todesdaten wurden diese Maßnahmen vor den Angehörigen verschleiert. Zum Teil sind mit den Opfern vorher „medizinische" Experimente durchgeführt worden. In der Summe wurden über 70 000 Menschen auf diese Weise vernichtet.

Täuschung der Angehörigen

Wenn Knudsen fürchtet, dass seine Frau Bertha, die wegen eines harmlosen Ticks als „geistesgestört" (S. 16) eingestuft wird, in eine Anstalt gebracht werden könnte und „[e]r wußte, was sie mit den Geisteskranken machten, wenn sie sie erst in ihren Anstalten hatten" (ebd.), ist diese Angst vor dem historischen Hintergrund vollkommen berechtigt. Auch Doktor Frerkings Einsatz, der Knudsen dabei behilflich ist, Bertha vor diesem Schicksal zu bewahren, zeigt sich als mutiger Widerstand gegen ein inhumanes Regime.

Bertha Knudsen vertritt die Verfolgten

Nationalsozialismus und die Rassenverfolgung

Der Antisemitismus hat in Europa eine lange Geschichte und beginnt nicht erst mit dem Nationalsozialismus. Aber die Nationalsozialisten haben diese Einstellung am radikalsten zum politischen Programm erhoben und am zynischsten und inhumansten in die Tat umgesetzt. Zur „Rassenhygiene" der Nationalsozialisten gehörte nicht nur die Ausmerzung Kranker und Behinderter, sondern die nationalsozialistische Ideologie beinhaltete auch, „fremdrassige" Menschen zu diskriminieren, zu entrechten, zu verfolgen und zu ermorden, damit die vermeintliche Überlegenheit der „arischen Herrenrasse" gewahrt bliebe. „Hitler hat die Juden von Anfang an nicht als Re-

Nationalsozialistische Rassenpolitik

ligionsgemeinschaft, sondern allein als Rasse verstanden, die als ‚Rassentuberkulose' ihre Gastvölker zerstöre." (Wehler [1], 2010, S. 655) Der Rassenpolitik „ging es um die Reinigung des deutschen ‚Volkskörpers', der durch ‚minderwertige' Elemente, insbesondere durch Juden, aber auch durch Geisteskranke, Asoziale, Slawen, Zigeuner tödlich gefährdet sei" (ebd., S. 652). Im Gegensatz zu den „Ariern" wurden alle Juden, Sinti und Roma sowie Menschen slawischer Rassen als „Untermenschen" klassifiziert. Mit der Machtübernahme der Nationalsozialisten 1933 begann sofort die Entrechtung und Verfolgung dieser Menschen. „Zugleich traf er [der staatlich praktizierte Antisemitismus] aber ebenfalls auf keinen entschiedenen Protest, keine öffentliche Ablehnung oder Kritik." (Ebd., S. 653 f.)

Systematische Entrechtung und Diskriminierung

Übergriffe gegen die Juden

Freiberufliche Juden wie Rechtsanwälte oder Ärzte wurden zunehmend aus ihren Berufen gedrängt, per Gesetz wurden jüdische Beamte aus dem Staatsdienst entfernt. Einige jüdische Ärzte und Anwälte durften weiterhin praktizieren, aber lediglich Juden behandeln oder vertreten. Jüdische Geschäfte wurden systematisch boykottiert. Juden wurden nach und nach auch aus Vereinen, öffentlichen Schulen und aus dem gesamten öffentlichen Leben ausgeschlossen. Bereits 1933 gab es erste Ermordungen von Juden in Konzentrationslagern. Etwa 200 000 Juden nahmen die Repressionen zum Anlass, aus Deutschland zu emigrieren. 1935 wurden auf dem Reichsparteitag der NSDAP unter anderen das „Blutschutzgesetz" und das „Reichsbürgergesetz" beschlossen und vom Reichstag abgesegnet. „[…] das ‚Gesetz zum Schutze des deutschen Blutes' verbot als ‚Rassenschande' die Eheschließung und den außerehelichen Geschlechtsverkehr zwischen jüdischen Deutschen und ‚Staatsbürgern deutschen Blutes'." (Ebd., S. 658 f.)

Durch das Reichsbürgergesetz verloren die Juden die Bürgerrechte. Die noch in Deutschland Verbliebenen ertrugen die Diskriminierungen und hofften auf einen Regimewechsel. 1938 kam es zu Pogromen gegen die Juden und damit zur Aufkündigung ihrer legalen Existenz. Alle Juden mussten die Zwangsvornamen „Israel" oder „Sara" tragen, ihre Pässe wurden mit einem eingestempelten „J" gekennzeichnet. Ab 1941 mussten sie den gelben Judenstern auf ihrer Kleidung tragen. Ihre wirtschaftliche Existenz wurde zerstört, indem sie besondere Abgaben zahlen mussten und ihr Hab und Gut beschlagnahmt wurde. Sie wurden in besondere Wohnviertel eingewiesen und in ihrer Mobilität eingeschränkt. Systematisch wurden sie deportiert, in Konzentrationslagern gefangen gehalten, zur Zwangsarbeit missbraucht und ermordet; ab 1942 erfolgte die Ermordung mit industriell organisierten Methoden. Von den etwa 510 000 Juden, die es 1933 in Deutschland gegeben hatte, waren über 300 000 ausgewandert, etwa 195 000 wurden ermordet, nur wenige überlebten den Terror. Da im Laufe des Krieges 1939–45 auch die Juden der eroberten Länder dem Rassenwahn zum Opfer fielen, sind insgesamt etwa 6 Millionen Menschen als Opfer dieses als „Holocaust" bezeichneten Völkermords zu beklagen.

Systematische Deportation, Zwangsarbeit und Ermordung

Dass Andersch die erzählte Zeit seines Romans ins Jahr 1937 legt, hat sicher auch den Grund darin, dass zu diesem Zeitpunkt die Übergriffe gegen die Juden fortgeschritten waren, aber noch nicht ihren ersten Höhepunkt in Form der reichsweiten Pogrome gefunden hatten. Judiths Familie gehört zu der jüdischen Gruppe, die die rechtzeitige Emigration im Jahr 1933 verpasst hat und nun den zunehmenden Repressionen ausgesetzt ist. Ihre Familienmitglieder hatten wohl geglaubt, dass sie nicht als Juden behandelt würden, da sie „getauft" (S. 123) waren und sich als Deutsche fühlten. In Judiths Worten: „Und seit ein paar Jahren weiß ich, daß ich eine Jüdin bin. Früher dachte ich, ich sei Deutsche." (Ebd.) Aber den „Anderen ist ganz egal, ob sie getauft sind oder nicht" (ebd.), für die Nationalsozialisten zählte einzig und allein die Abstammung. Den Tennisclub darf Judith als Jüdin nicht mehr besuchen (vgl. S. 126).

Judith als Beispiel eines jüdischen Schicksals in Deutschland

Während Judith sich noch selbst Mut macht: „Vielleicht werden sie auch mich gar nicht holen" (S. 21), ahnt die Mutter das Schicksal der Juden voraus: „Sie werden ihren Krieg machen […]. Und sie werden uns alle sterben lassen in diesem Krieg." (Ebd.) Den Strapazen einer Flucht kann die Mutter sich wegen ihrer gelähmten Beine nicht mehr stellen und wählt den Freitod (vgl. ebd.). Da Judith die Hilfe von Direktor Heise, der „verschiedene ausgezeichnete Fluchtwege vorgeschlagen“ (S.22) hat, nicht annimmt, bleibt für sie nur die heimliche Flucht als Ausweg, da sie wegen ihres roten „J“ im Pass (vgl. S.84) von der Freizügigkeit des Reisens ausgeschlossen ist. Sie ist eine von der Gesellschaft „Ausgestoßene“ (S.70) und versteckt sich vor den „Polizisten“ (S.71). Die Kontrolle des totalitären Staates ist in Person der „Spitzel der Geheimen Staatspolizei“ (S.72) anwesend. Treffend stellt Gregor fest: „Ein reizendes Land – man steht vor fremden Schiffen an, um es zu verlassen.“ (S.69 f.) In Judith personifiziert Andersch das Schicksal einer ganzen Volksgruppe, die im Nationalsozialismus gedemütigt, entrechtet, verfolgt und vernichtet wurde.

Deutschland 1957: Existenzialismus – Ethik der Verantwortung

- ➟ Andersch stellt die Frage nach den Lehren aus dem Nationalsozialismus.
- ➟ Die Philosophie des Existenzialismus gibt eine mögliche Antwort darauf.
- ➟ Der Mensch ist zur Freiheit ‚verurteilt' und muss seine Zukunft durch positives Handeln gestalten.
- ➟ Er revoltiert gegen das als absurd empfundene Dasein.
- ➟ Die Personen in *Sansibar* finden im Laufe der erzählten Zeit zu einem positiven Handeln.
- ➟ Der Roman übt Kritik an den Zuständen im Nachkriegsdeutschland, dem Adenauer-Staat.

Die Konfrontation mit der Bedrohung durch den Nationalsozialismus führt die Romanfiguren in extreme Entscheidungssituationen

Deutschland nach dem Nationalsozialismus

Nationalsozialismus nicht allein das Thema des Romans

„*Sansibar* enthält doch weder eine Abrechnung mit dem Nationalsozialismus noch ein stilisiertes Bild der damaligen Verhältnisse. […] Mit der Historie hat dieser Roman nichts zu tun“, schreibt der bekannte Literaturkritiker Marcel Reich-Ranicki über Anderschs Roman (vgl. M. Reich-Ranicki, 2002, S.125). Dass Reich-Ranicki selbst ein Betroffener der Judenverfolgung war und nur unter abenteuerlichen Umständen überlebt hat, mag mit ein Grund sein, warum er scheinbar enttäuscht auf den Roman reagiert. Weiter stellt er jedoch fest:

> Die Realität in Deutschland vom Jahre 1937 ist – sofern sie überhaupt angedeutet wird – im Grunde nur der epische Vorwand. Gewiß, Andersch bemüht sich, mit der Wirklichkeit jener Zeit, mit der Wahrscheinlichkeit nicht in Widerspruch zu geraten. Aber nicht zufällig vermeidet er die zeitbedingte politische Terminologie, läßt er keine Nationalsozialisten auftreten und bezeichnet sie stets nur als „die Anderen". Denn der Nationalsozialismus wird in diesem Roman nicht als konkreter politischer Faktor behandelt, sondern fungiert als anonyme Macht der totalen Bedrohung des Menschen, als Sinnbild der Tyrannei.
>
> Das „Dritte Reich" bietet also lediglich die extreme Situation, die Andersch braucht, um seine Gestalten Entscheidungen entgegenführen zu können, welche die letzten Fragen betreffen. Schon daraus geht hervor, daß in dem Buch nicht die gesellschaftskritische, sondern die philosophische Absicht dominiert, und daß seine Problematik nicht in politischen, sondern vor allem in moralischen Kategorien zu finden ist. (Ebd.)

Auch Alfred Andersch war von den Gräueln der Nazi-Diktatur persönlich betroffen. Aber als er nur ein Jahrzehnt nach dem Ende dieses Regimes ein Buch konzipiert, interessiert ihn weniger die Vergangenheitsbewältigung, also die realistische und anschauliche Darstellung historischer Fakten, oder die Frage, wie es zu diesem Regime hat kommen können. Vielmehr geht er wie so viele Intellektuelle der Zeit nach 1945 der Frage nach, welche Lehren aus dieser verheerenden historischen Phase gezogen werden können und müssen, welche moralischen Leitbilder für ein verantwortungsvolles Handeln in der Zukunft existieren, auf welche Gewissheiten oder spirituelle Orientierungen sich der Mensch künftig berufen kann. Für die Antworten auf solche Fragen werden immer auch die Philosophen in die Pflicht genommen.

Frage nach Lehren aus dem Nationalsozialismus

Eine philosophische Richtung, die in dieser Lebensphase von Alfred Andersch aktuell war und mit der er sich intensiv auseinandergesetzt hat, ist der französische Existenzialismus, insbesondere vertreten durch Jean-Paul Sartre (1905–1980) und Albert Camus (1913–1960). Im Gegensatz zu früheren Denkern der Philosophie, deren Lehren bis ins späte 19. Jahrhundert weitgehend konform mit religiösen Vorstellungen sind, sieht sich

Existentialismus als mögliche Antwort

der Existenzialismus Sartres als atheistische Lehre. „Im Gegensatz zur philosophischen Tradition seit Platon betrachtet er [Sartre] den Menschen nicht als ein Wesen, dessen Seinsmöglichkeiten im vorhinein festgelegt sind. Der Mensch [...] muß sich erst, gleichsam in beständiger Schöpfung aus dem Nichts, zu dem machen, was er ist." (Störig, 1981, S. 644 f.) Der Mensch ist durch Zufall in die Welt geboren, er ist ‚zur Freiheit verurteilt'. Daraus erwächst ihm die Aufgabe, durch sein Handeln Werte zu setzen und die Zukunft zu gestalten.

Mensch muss durch sein Handeln Zukunft gestalten

Albert Camus entwirft in seinem Essay *Der Mythos von Sisyphos* (1942) das Bild von einer absurden Welt, die der Mensch nicht verstehen und erkennen könne. In dem antiken Mythos von Sisyphos sieht er ein Gleichnis der menschlichen Existenz: Sisyphos wird von den Göttern bestraft, indem er verurteilt ist, auf ewig einen schweren Felsbrocken einen Berg hinaufzuwälzen. Wenn er es geschafft hat, rollt der Felsen wieder nach unten und Sisyphos muss von vorne beginnen. In diesem sinnlosen und ewig gleichen Bemühen sieht Camus ein Bild für die menschliche Existenz; sie ist absurd und hat keinen Sinn. Zentral ist für Camus daher die Frage nach dem Selbstmord: Wenn der Mensch diese Sinnlosigkeit und Absurdität erkennt, warum bringt er sich nicht um? Den Selbstmord lehnt Camus jedoch strikt ab, da der Mensch sich damit ja dem Absurden unterwerfe. Vielmehr nimmt der Mensch dieses Schicksal als sein persönliches Schicksal an. Darin zeigt sich nach Camus die Größe des modernen Menschen.

Absurdität des Daseins

Revolte gegen die Absurdität

Wichtige Werke des Existenzialismus sind in einer Zeit entstanden, als Frankreich im Zweiten Weltkrieg von den Deutschen unter Führung der Nationalsozialisten besetzt war.

> Der äußere Zusammenbruch von 1940 war zugleich ein Zusammenbruch von Idealen und Ideologien. [...] Auf der anderen Seite einigte die Franzosen der Wunsch, den Feind zu vertreiben. Zweifel an allem Grundsätzlichen verband sich mit absoluter Gewißheit über die nächstliegende praktische Aufgabe: den Widerstand. Man brauchte [...] eine Philosophie, die „den negativen Gedanken mit der Möglichkeit positiven Handelns vereinbaren kann".
> (Störig, 1981, S. 643 f).

Notwendigkeit positiven Handelns

Helander greift Fragestellungen von Sartre und Camus auf

Diese grundlegenden Gedanken des Existenzialismus spiegeln sich im Roman *Sansibar* wider. Wenn Helander über Gregor denkt: „Was aber treibt ihn an, das Richtige zu tun? […] Das Nichts treibt ihn an, das Bewußtsein, in einem Nichts zu leben, und der wilde Aufstand gegen das leere, kalte Nichts, der wütende Versuch, die Tatsache des Nichts, dessen Bestätigung die Anderen sind, wenigstens für Augenblicke aufzuheben“ (S. 171), wirkt dies wie eine Zusammenfassung zentraler Thesen von Sartre und Camus. Sartre hat in seinem Werk *Das Sein und das Nichts* (1943) dargelegt, dass sich der Mensch von den anderen Wesen durch sein Verhältnis zum Nichts unterscheide. Er als Einziger könne das Nichts erkennen, könne verneinen und könne durch Lügen Dinge ausdrücken, die es nicht gibt. Insofern wirkt Gregor mit seinem Glauben an das Nichts als ein Anhänger Sartres, der ebenfalls Kommunist war. Der „wilde Aufstand“ (S. 171) wirkt dagegen eher wie ein Bezug auf Camus' Revolte.

Helander selbst befindet sich ebenfalls in der Revolte. Er revoltiert gegen seinen fernen Gott, den er „züchtigen“ (S. 175) will. Dabei bewegt er sich an der Grenze zum Atheismus, wenn er die Abwesenheit Gottes feststellt. Auch sein Selbstopfer kann als ein Akt der Revolte gesehen werden, mit dessen Hilfe er sich von der Fremdbestimmung befreit und sein eigenes Schicksal in die Hand nimmt.

Durch verantwortungsvolles, selbstloses Handeln gestalten alle Romanfiguren ihre Zukunft neu. Knudsen erkennt, dass die Teilnahme an der Aktion notwendig ist, um sich lebendig zu fühlen. Die Metapher vom „toten Fisch“ zielt nicht zufällig auf die Unterscheidung vom Tier. Nach Sartre gehört es zum Wesen des Menschen, dass er die Freiheit hat, durch Handeln die Zukunft zu gestalten, und sich so vom Tier zu unterscheiden.

Gregor befreit sich von ideologischen Bindungen

Gregor befreit sich von den Fesseln der Ideologie, da er nicht mehr im Auftrag der Partei handelt, sondern die Aktion „Lesender Klosterschüler“ als seine private initiiert. Darin könnte man einen Reflex von Camus' Überzeugungen sehen. Sartre und Camus haben sich in den 1950er-Jahren anlässlich von Camus' Schrift *Der Mensch in der Revolte* (1951) entzweit. Während Sartre an seiner kommunistischen Überzeugung festhielt und daher die

Arbeitslager und andere Gräuel in der Sowjetunion unter Stalins Führung aus ideologischen Gründen zu tolerieren bereit war, verurteilte Camus diese ebenso wie die nationalsozialistischen Vernichtungslager. Auch Gregor hat sich wegen der Säuberungsaktion, der seine Freundin Franziska zum Opfer gefallen ist, und wegen des sinnenfeindlichen Dogmatismus der Partei von der Ideologie abgewandt und hat die Freiheit gefunden, seinen Lebenssinn selbst zu gestalten.

Der Junge ist von Anfang an frei von der Notwendigkeit zu fliehen. Er hat sich Träumen hingegeben, die durch sein persönliches Interesse bestimmt gewesen sind. Doch im Laufe seiner Reifung erkennt er, dass es nicht genügt, von irgendetwas weglaufen zu wollen, sondern dass man in der Welt positive Ziele braucht. Ihm wird auch bewusst, dass er Verantwortung für andere übernehmen muss, und er überwindet damit seine Selbstbezogenheit.

Verantwortung für andere

Wie Marcel Reich-Ranicki in seiner 1963 verfassten Rezension „Alfred Andersch, ein geschlagener Revolutionär“ betont hat, dass Anderschs Roman nicht den Nationalsozialismus abbilde, wies auch der bekannte Schriftsteller Arno Schmidt in seiner Besprechung des Romans darauf hin, dass *Sansibar* die Verhältnisse im Adenauer-Deutschland schildere:

Parabel auf Deutschland in den 1950er-Jahren

> Denn […] auch bei uns ist wieder die KPD verboten. Auch bei uns werden wieder jüdische Friedhöfe geschändet. Auch bei uns geht allenthalben wieder „Uniformiertes Fleisch“ um. Auch „uns“ gilt – man sei doch ehrlich – Barlach oder Expressionismus längst wieder als „entartete Kunst“! […] Eine sachlich unwiderlegbare Anklage gegen Deutschland. […] Ein Mißtrauensvotum ersten Ranges gegen unser behäbig-aufgeblasenes „Volk der Mitte“. (Arno Schmidt, „Das Land, aus dem man flüchtet“, in: *Die andere Zeitung* [Hamburg], 24. Oktober 1957)

In der Tat hat Andersch den Adenauer-Staat als „Demokratie der schmutzigen Hände“ (zit. nach: Jendricke, 1988, S. 79) bezeichnet. Aber Walter Hinderer weist darauf hin, dass Andersch keine zeitkritische Darstellung der Vergangenheit oder Gegenwart schreibe, sondern vielmehr einen „prozessualen Appell, der aus den verschiedenen Bewußtseins- und Erfahrungsprotokollen der fiktionalisierten Personen entstand. [...] Man kann diesen Appell moralisch nennen, aber er zielt im existentialistisch-idealistischen Sinne auf die Selbstverwirklichung und Selbstverantwortung des Menschen jenseits aller ideologischen Bestimmungen." (Hinderer, 1993, S. 68 f.)

Biografisches

→ Andersch wurde im Nationalsozialismus als Kommunist verhaftet und in einem KZ inhaftiert. → Wie Gregor wendet sich Andersch von der Partei ab. → Er desertiert im Krieg und lernt in der Gefangenschaft neue Ideen kennen. → Als Redakteur tritt er nach dem Krieg für ein humanes Deutschland ein. → Weil er von den Entwicklungen in Deutschland enttäuscht ist, emigriert er in die Schweiz. → Dank des Erfolgs von *Sansibar* kann er als freier Schriftsteller leben.	Bezüge des Romans zu Anderschs Biografie

Seinem autobiografischen Buch *Die Kirschen der Freiheit* von 1952 hat Andersch ein Motto des französischen Autors André Gide (1869–1951) aus dessen Journal vom 11. Mai 1941 vorangestellt: „Ich baue nur noch auf Deserteure." Betrachtet man den Lebenslauf von Alfred Andersch, fallen deutliche Bezüge zu *Sansibar oder der letzte Grund* ins Auge. Themen und Motive der Biografie tauchen im Roman auf, reale Personen, Verhaltensweisen und politische Überzeugungen waren Vorbilder für die Figuren im Roman. Anderschs politische Überzeugungen finden sich jedoch nicht nur in seinen Werken wieder, sondern haben ihm für seinen nachfolgend kurz skizzierten Lebensweg wichtige Entscheidungen nahegelegt.

Parallelen zwischen Anderschs Biografie und *Sansibar*

Alfred Andersch wurde am 4.2.1914 in München geboren. Sein Vater war Kaufmann und Versicherungsagent und stammte aus Ostpreußen, die Mutter (geb. Watzek) kam aus Böhmen. Er hatte einen fünf Jahre älteren und einen sieben Jahre jüngeren Bruder. Im Ersten Weltkrieg war der Vater als Offizier eingesetzt gewesen und hatte wegen Tapferkeit zahlreiche Auszeichnungen und Orden erhalten, aber auch Verwundungen erlitten, die ihn später das Leben kosteten. Ein Granatsplitter steckte immer noch im Bein, so dass er 1929 qualvoll an den Folgen der Verletzung starb. In dieser Hinsicht gab er später das Vorbild für den Pfarrer Helander mit seinem „Verdun-Bein" ab. Aber der jugendliche Alfred stand eher

Der Vater als Kriegsveteran- Vorbild für Helander

Revolte gegen politische Haltung des Vaters

in einem oppositionellen Verhältnis zu seinem Vater. Dieser betrachtete die Niederlage Deutschlands als seine eigene, kultivierte eine konservativ-nationale Gesinnung und führte ein halbmilitärisches Leben in Verbänden. Gegen diese Haltung revoltierte der junge Alfred später in seiner eigenen politischen Betätigung.

Abbruch der Schullaufbahn

1920–1928 besuchte Alfred die Volksschule und das angesehene Wittelsbacher Gymnasium in München. Schon früh zeigte er großes Interesse an Kunst und Literatur, eine Neigung, die in der Schule mit ihrem autoritären Erziehungsstil nicht gefördert wurde. Daher brachte Alfred die Schulzeit nur mit Widerwillen und Desinteresse hinter sich und ging nach der 8. Klasse ab, um eine Buchhandelslehre zu absolvieren.

Mitglied in der Kommunistischen Partei

Während seiner Arbeitslosigkeit 1931–1933 begann er, sich im Kommunistischen Jugendverband politisch zu engagieren, dessen Organisationsleiter für Südbayern er 1932 wurde. Dieses Interesse am Kommunismus war auch aus der Opposition zum konservativen Vater erwachsen. Bereits als Kind erlebte Andersch in München die Wirren und Straßenkämpfe der Weimarer Republik. So wurden z.B. 1919 Rotgardisten nach dem Scheitern der Räterepublik ganz in der Nähe seines Wohnhauses hingerichtet.

Verhaftung und Inhaftierung im KZ Dachau

Nach dem Reichstagsbrand am 27.2.1933 – Hitler war zum Reichskanzler ernannt worden und regierte auf der Grundlage einer Notverordnung – gerieten die Kommunisten unter Verdacht und wurden polizeilich verfolgt. Im Rahmen dieser Verfolgung wurde auch Andersch verhaftet und im Konzentrationslager Dachau interniert. Im Mai wurde er wieder entlassen, aber im Herbst noch einmal verhaftet. Da er ein Alibi hatte, wurde er wieder entlassen und danach unter Gestapo-Aufsicht gestellt.

Rückzug aus der Politik

Das führte dazu, dass er seine politische Tätigkeit aufgab.

Beschäftigung mit Literatur und Kunst

Stattdessen begann er, sich intensiv mit Literatur und Kunst zu beschäftigen. In *Kirschen der Freiheit* schreibt er: „Ich antwortete auf den totalen Staat mit der totalen Introversion." (Andersch, Bd. 5, 2004, S. 36) Bereits während der Schulzeit hat er sich oft in einen Schlosspark zurückgezogen und diesen Rückzug als Eintritt in den „Park der Literatur und Ästhetik“ (ebd., S. 18) empfunden. Hier ist also Anderschs erste Desertion oder „Fahnenflucht“ (ebd., S. 45) zu verzeichnen. Die Parallele zu Gregor in *Sansibar* liegt auf der Hand.

1933–1937 arbeitete Andersch als Büroangestellter in München, 1937–1940 als Angestellter in der Werbeabteilung einer Fotopapierfabrik in Hamburg. In diese Zeit fallen seine ersten Schreibversuche. Nebenbei erarbeitete er sich die intensiven und breiten Grundkenntnisse der Literatur- und Kunstgeschichte autodidaktisch.

Hochzeit mit einer Halbjüdin

1935 heiratete er Angelika Albert, die Tochter eines Fabrikbesitzers, die als Halbjüdin jedoch gefährdet war. Ihre Mutter wurde später nach Theresienstadt verschleppt und dort ermordet. Angelika entkam der Verfolgung nur durch einen Zufall. Die beiden heirateten noch, bevor die Nationalsozialisten durch die Nürnberger Gesetze Ehen mit Juden verboten.

Desertion zu den Amerikanern

1940 kam Andersch als Besatzungssoldat nach Frankreich, konnte dann aber seine Entlassung erreichen, da er eine Verordnung fand, nach der ehemalige KZ-Insassen nicht eingezogen werden durften. 1943 ließ er sich von seiner Frau Angelika scheiden, wurde erneut eingezogen und in Italien stationiert. Am 6. Juni 1944 desertierte er zu den Amerikanern.

Gefangenschaft als Zeit der Freiheit und der Bildung

1944/45 war Andersch Kriegsgefangener in den USA. Paradoxerweise erlebte er diese Zeit als Zeit der Freiheit, und zwar als Freiheit zu lesen, zu schreiben, zu sprechen, nachzudenken und politisch Gleichgesinnte zu treffen (vgl. Jendricke, 1988, S. 40). Er begeisterte sich für die Demokratie im Zuschnitt Präsident Roosevelts, in der er Freiheit und sozialen Ausgleich gewährleistet sah. Er hoffte, darin eine Synthese ‚von Freiheit und Sozialismus, die Verbindung zwischen liberalem und humanistischem Denken‘ (vgl. ebd., S. 42) zu finden. In der Gefangenschaft hatte er die Chance, Bücher zu lesen, die im Nationalsozialismus verboten und verbrannt worden waren, darüber hinaus lernte er die amerikanische Gegenwartsliteratur kennen, die zu seinem Leitbild wurde.

Nach dem Krieg Tätigkeit als Redakteur

Gleichzeitig hatte er Gelegenheit, an der Kriegsgefangenenzeitschrift *Der Ruf* mitzuarbeiten.
Nach Deutschland zurückgekehrt, setzte Andersch die journalistische Tätigkeit fort und wurde Redaktionsassistent Erich Kästners bei der *Neuen Zeitung* (München). Danach gab er mit Hans Werner Richter die Zeitschrift *Der Ruf* heraus. Als deren erste Ausgabe 1946 erschien, war in Europa der Kalte Krieg, bei dem sich das westliche kapitalistische und das östliche kommunistische System feindlich gegenüberstanden, bereits im Gange. Andersch schwebte aber ein dritter Weg zwischen diesen Fronten vor, „auf der Basis der Wirtschaftsdemokratie mit vergesellschafteten Produktionsmitteln [...], dessen geistige Grundlage aus der Verbindung von aufklärerisch-bürgerlichen Ideen, christlichen Wertvorstellungen und sozialistischem Gedankengut hervorgehen sollte“ (Jendricke, 1988, S. 57). Leitfiguren waren für ihn dabei „die Vertreter des französischen Existentialismus: Jean-Paul Sartre, Albert Camus und Simone de Beauvoir.“ (Ebd., S. 57) 1947 wurde Andersch als Herausgeber der Zeitschrift von der amerikanischen Aufsichtsbehörde entlassen.

Einsatz für ein neues Deutschland

1947 nahm er an der ersten Tagung der Gruppe 47 teil. Die Gruppe 47 war ein jährliches Treffen junger deutscher Schriftsteller der Nachkriegszeit. Viele Schriftsteller von Bedeutung haben an den Treffen dieser Gruppe teilgenommen und dort ihre Werke gelesen und diskutiert. Später nahm Andersch nur noch selten teil, weil ihm eine klare programmatische Ausrichtung der Gruppe fehlte.

1948 wurde Andersch Gründer und Leiter des Abendstudios im Sender Frankfurt, 1950 heiratete er die Malerin Gisela Groneur. 1951–1953 leitete er die gemeinsame Feature-Redaktion der Sender Hamburg und Frankfurt und gab die Buchreihe „studio frankfurt“ heraus. 1955 gründete er die Redaktion „Radio-Essay“ des Süddeutschen Rundfunks, deren Leitung er bis 1958 innehatte. Gleichzeitig gab er die bedeutende Zeitschrift *Texte und Zeichen* heraus. „Die Leitlinie seiner Arbeit hatte Andersch in seinem Essay *Deutsche Literatur in der Entscheidung* formuliert: alles zu tun, um wieder aus der Quarantäne herauszufinden, in die Deutschland in zwölf Jahren Diktatur geraten war." (Jendricke, 1988, S. 61) Aufgrund seiner vielfältigen Tätigkeit als Publizist kann Anderschs Bedeutung als Literaturkritiker und leitender Intellektueller des Literaturbetriebs in Deutschland kaum überschätzt werden.

Großer Einfluss als Intellektueller auf den Literaturbetrieb

1955 beginnt er mit der Arbeit an *Sansibar*. Neben Romanen und Erzählungen weist sein Werkverzeichnis Hörspiele, Essays, Features, Gedichte und journalistische Texte aus.

1958 gab Andersch seine Redaktionstätigkeiten auf und siedelte mit seiner Familie nach Berzona in der Schweiz über, um von da ab als freier Schriftsteller zu leben. Grund für seine erneute „Desertion" war seine Enttäuschung über die politische und gesellschaftliche Entwicklung in Deutschland. Bereits 1956 hat er in einem Brief an den befreundeten Schriftstellerkollegen Arno Schmidt angekündigt: „[…] ich habe für Deutschland nur noch Verachtung und Haß übrig und hoffe, daß es mir in diesem Leben gelingt, einmal nichts mehr mit den Deutschen zu tun haben zu müssen. Es ist schon schlimm genug, daß man gezwungen ist, in ihrer Sprache schreiben zu müssen." (Zit. nach: Jendricke, 1988, S. 77) Es sind vor allem die restaurativen Tendenzen des Adenauer-Deutschlands, die Andersch zu dieser Haltung veranlasst haben. In Frankfurt wurde Andersch beispielsweise nicht zum Leiter der Kulturredaktion ernannt, weil man erfahren hatte, dass er aus der Kirche ausgetreten war (vgl. ebd., S. 70).

Emigration in die Schweiz wegen Enttäuschung über die Entwicklungen im Nachkriegsdeutschland

Zweifel an den Möglichkeiten des Redakteurs

> Andersch sah die Aufgabe der Literatur und Kunst ja darin, gesellschaftliche Verhältnisse transparent zu machen, um so die in ihnen verborgenen Möglichkeiten zu ihrer Weiterentwicklung aufscheinen zu lassen. Eine solch differenzierte und diffizile Wirkung traute er den an Presse und Rundfunk gebundenen Formen, der Literatur als Presse, nicht mehr zu. Sein politischer Anspruch an die literarische Arbeit ließ sich in der Tätigkeit als Rundfunkredakteur nicht einlösen. (Ebd., S. 79)

Dass Andersch sich daher für die Existenz als freier Schriftsteller entschied, ist gewiss nur konsequent. Als der Roman *Sansibar oder der letzte Grund* 1957 erschien und ein finanzieller Erfolg wurde, konnte er sich auf die freiberufliche Arbeit zurückziehen. In Berzona wurde später der Schweizer Schriftsteller Max Frisch sein Nachbar und zeitweise befreundeter Kollege.

1972 erhielt Andersch die Schweizer Staatsbürgerschaft. 1977 erkrankte er schwer und musste sich einer Nierentransplantation unterziehen. Am 21.2.1980 starb er in Berzona.

Anderschs Werk zwischen ästhetischem und politischem Anspruch

> Anderschs vielseitiges Œuvre lässt sich nicht auf ein Thema ausrichten und einfach der politischen Literatur zuschlagen. [...] Andersch war ein in doppeltem Sinn bewusster Autor: der künstlerischen Ansprüche, denen Literatur genügen muss, ebenso bewusst wie ihrer gesellschaftlichen Verantwortung. Politisches Engagement und ästhetischer Ehrgeiz sind von Anfang an in seinem Werk untrennbar miteinander verbunden und kennzeichnen zusammen sein Schreiben etwa von den *Kirschen der Freiheit* bis zu *Winterspelt*. (Lamping, 2004, S. 443 f.)

Literaturhinweise

Ausführliche Bibliografien zu Alfred Andersch bietet der Diogenes-Verlag auf seiner Webseite: http://www.diogenes.ch/andersch/bibliographie

Textausgaben

Andersch, Alfred: Sansibar oder der letzte Grund. Zürich 2006.

Andersch, Alfred: Die Kirschen der Freiheit: Ein Bericht. 20., Aufl. Zürich 1971. E-Book Zürich 2012. [Entspricht Bd. 5 der *Gesammelten Werke*, hrsg. von Dieter Lamping, Zürich 2004.]

Camus, Albert: Der Mythos des Sisyphos. Ein Versuch über das Absurde. Reinbek bei Hamburg 2000.

Sartre, Jean-Paul: Das Sein und das Nichts. Reinbek bei Hamburg 1993.

Biografien

Hackenesch, Christa: Jean-Paul Sartre. 2. Aufl. Reinbek bei Hamburg 2007.

Jendricke, Bernhard: Alfred Andersch mit Selbstzeugnissen und Bilddokumenten, Reinbek bei Hamburg 1988.

Poppe, Reiner: Alfred Andersch. Stuttgart 1999. (Literaturwissen für Schule und Studium.)

Radisch, Iris: Camus. Das Ideal der Einfachheit. Eine Biografie. Reinbek bei Hamburg 2013.

Reinhardt, Stephan: Alfred Andersch. Eine Biographie. Zürich 1990.

Wehdeking, Volker (Hrsg.): Alfred Andersch. Stuttgart 1983.

Williams; Rhys: Alfred Andersch. In: Kritisches Lexikon zur deutschsprachigen Gegenwartsliteratur (KLG). Hrsg. von Heinz Ludwig Arnold. München: edition text + kritik im Richard Boorberg Verlag, 2006. [Unpag.]

Sekundärliteratur

Bark, Joachim / Steinbach, Dietrich / Wittenberg, Hildegard (Hrsg.): Epochen der deutschen Literatur. Gesamtausgabe. Stuttgart 1989.

Frenzel, Elisabeth: Motive der Weltliteratur. 4., überarb. und erg. Aufl. Stuttgart 1992.

Genette, Gérard: Die Erzählung. München 1998.

Hinderer, Walter: Alfred Andersch, *Sansibar oder der letzte Grund*. In: Interpretationen. Romane des 20. Jahrhunderts. Bd. 2. Stuttgart 1993. S. 59–94.

Lamping, Dieter: „Einleitender Essay“ zu: Alfred Andersch: Gesammelte Werke in zehn Bänden. Kommentierte Ausgabe. Hrsg. von Dieter Lamping. Zürich 2004. Sonderdruck aus Bd. 1. S. 441–469: andersch_werke_essay.pdf

Müller, Fred: Alfred Andersch, *Sansibar oder der letzte Grund*. Interpretation. 2., überarb. Aufl., unveränd. Nachdr. München 2002.

Petersen, Jürgen H.: Erzählsysteme. Eine Poetik epischer Texte. Stuttgart 1993.

Reich-Ranicki, Marcel: Alfred Andersch, ein geschlagener Revolutionär. In: M. R.-R.: Deutsche Literatur in West und Ost. 3., vom Autor durchges. Aufl. München 2002. S. 120–129.

Ritter, Alexander: Erläuterungen und Dokumente: Alfred Andersch, *Sansibar oder der letzte Grund*. Stuttgart 2003.

Schallenberger, Stefan: Alfred Andersch, Sansibar oder der letzte Grund. Stuttgart 2009. (Lektüreschlüssel.)

Schiller, Dieter: Stundenblätter Alfred Andersch, *Sansibar oder der letzte Grund*. Eine Einführung in den modernen Roman für Klasse 10. 6. Aufl. Stuttgart 1986.

Stanzel, Franz K.: Die typischen Erzählformen im Roman. Wien/Stuttgart 1955

Stanzel, Franz K.: Theorie des Erzählens. Göttingen 2001.

Vogt, Jochen: Grundlagen narrativer Texte. In: Grundzüge der Literaturwissenschaft. Hrsg. von Heinz Ludwig Arnold und Heinrich Detering. München 1996. S. 287–307.

Vogt, Jochen: Aspekte erzählender Prosa: Eine Einführung in Erzähltechnik und Romantheorie. Opladen 1998.

Von Wilpert, Gero: Sachwörterbuch der Literatur. Stuttgart 1979.

Zum historischen Hintergrund

Benz, Wolfgang / Graml, Hermann / Weiß, Hermann (Hrsg.): Enzyklopädie des Nationalsozialismus. Aktualis. und erw. Neuausg. München 2007.

Störig, Hans Joachim: Kleine Weltgeschichte der Philosophie. 12., überarb. und erw. Aufl. Stuttgart 1981.

Wehler, Hans-Ulrich (1): Deutsche Gesellschaftsgeschichte vom Beginn des Ersten Weltkrieges bis zur Gründung der beiden deutschen Staaten 1914–1949. Lizenzausgabe für die Bundeszentrale für politische Bildung. Bonn 2010.

Wehler, Hans-Ulrich (2): Deutsche Gesellschaftsgeschichte. Bundesrepublik und DDR 1949–1990. Lizenzausgabe für die Bundeszentrale für politische Bildung. Bonn 2010.

Prüfungsaufgaben und Lösungen

1 Der Titel des Romans

2 Die Bedeutung des „Lesenden Klosterschülers“

3 Besonderheiten der Erzähltechnik

4 Der Anfang des Romans

5 Szene am Hafen

6 Charakteristik Gregors

7 Helanders Entscheidung

8 Auseinandersetzung mit einer literaturkritischen These

1 Der Titel des Romans

Aufgabenstellung:

Erläutere den Titel des Romans. Beziehe dich bei deiner Erläuterung auf mindestens zwei der Hauptfiguren.

Lösungsvorschlag:

Der Titel des Romans stammt aus einem Abschnitt der Romanfigur „Der Junge". Er nennt bei seinen Überlegungen, warum man aus Rerik weg musste, die exotische Insel Sansibar als Traumziel.

Beispiel 1: Der Junge

- Der Junge hat eine Ausnahmestellung unter den Personen: Sowohl der erste als auch danach jeder zweite Abschnitt des Romans ist mit „Der Junge" überschrieben; die Figur hat also die Funktion, den Text zu gliedern.
- Er steht vom Alter her in einem deutlichen Abstand zu den anderen Figuren und ist nicht bedroht.
- Er lebt in seiner eigenen Welt, die durch die Lektüre von Abenteuerromanen geprägt ist.
- Er nennt drei Gründe für die Flucht aus Rerik: Langeweile, Hass auf die Erwachsenen, die Existenz des Traumziels Sansibar. Die ersten beiden Gründe sind negative Gründe, Sansibar ist ein positiver Grund, ein positives Leitbild.
- Vor Beginn der Aktion löst er sich von seinen Abenteuergeschichten und erfüllt bei der Durchführung wichtige Aufgaben.
- Er hofft durch die Aktion auf eine Fluchtmöglichkeit für sich selbst. Trotzdem kehrt er aus Verantwortungsgefühl zu Knudsen zurück.
- Sansibar wird damit aus einem Traum vom exotischen Abenteuer zum positiven Leitbild für verantwortliches Handeln.

Beispiel 2: Gregor

- Gregor befindet sich zu Beginn in einer Krise, er sucht nach einem Leben ohne Fremdbestimmung. Die Holzplastik „Lesender Klosterschüler" wird für ihn zum Leitbild eines selbstbestimmten Lebens.
- Die Begegnung mit Judith verstärkt in ihm das Gefühl der Autonomie.
- In der Rettungsaktion für die Holzplastik und Judith erfüllt sich seine Vorstellung von selbstbestimmtem und verantwortlichem Handeln

- Daher gibt er den Plan der Flucht ins Ausland auf und wagt einen Neubeginn.
- Gregor findet sein Sansibar in der Aktion, die er selbst leitet. Auch er kann sein verantwortliches Handeln durch ein positives Leitbild stützen.

Die Insel Sansibar symbolisiert die Notwendigkeit eines positiven Leitbildes für ein selbstbestimmtes Leben in Verantwortung für sich selbst und andere.

2 Die Bedeutung des „Lesenden Klosterschülers“

Aufgabenstellung:

Erläutere die Bedeutung der Figur des „Lesenden Klosterschülers“ für Gregor und die Romanhandlung.

Lösungsvorschlag:

- Gregor kommt als Instrukteur der Kommunistischen Partei nach Rerik.
- Innerlich hat er sich von der Partei gelöst, möchte desertieren und sucht nach einer Fluchtmöglichkeit.
- Einerseits glaubt er nicht mehr an die Partei, andererseits fühlt er sich durch seine Untergrundarbeit bedroht und möchte diese Bedrohung loswerden.

Gründe für seinen Verrat an der Partei sind:
- Bei einer Schulung war ihm ein ästhetisches Erlebnis wichtiger als das Dogma der Partei.
- Die Partei hat seine Freundin Franziska im Rahmen einer Säuberungsaktion ermordet.
- Gregor sucht nach einer neuen Orientierung. Für ihn stellt sich nun die Frage, ob man ohne Auftrag leben könne.

In dieser Situation trifft er auf eine Holzplastik. Das Kunstwerk gewinnt für ihn sogleich eine tiefe Bedeutung:
- Er sieht zunächst eine Parallele zu seinen Studien an der Lenin-Akademie.
- Dann erkennt er, dass der „Klosterschüler“ freier ist, da er kritischer liest.
- Der „Klosterschüler“ wird für Gregor zum Sinnbild des geistig ungebundenen Lebens.
- Er macht die Rettung der Figur zu seiner privaten Aktion.
- Durch die Aktion löst er sich endgültig von der Partei und findet zu einem selbstbestimmten Leben.

Die Holzplastik ist ein zentrales Handlungsmoment:
- Sie führt die Personen zusammen.
- Der Plan zur Rettung der Figur setzt die Handlung in Gang.
- Judith wird durch die Aktion ebenso gerettet wie die Figur selbst.

Die Holzplastik hat für die Handlung und die Romanfiguren eine ideelle Bedeutung:
- Für die Romanfiguren wird sie zum Medium der Selbstfindung.
- Darüber hinaus wird sie zum Symbol der geistigen Freiheit und des Widerstands gegen die Anderen.

Die Plastik ist daher ein zentrales Symbol, dessen vielfältige Bedeutung über die Romanhandlung hinausweist.

3 Besonderheiten der Erzähltechnik

Aufgabenstellung:

Erläutere die Besonderheiten der Erzähltechnik in *Sansibar oder der letzte Grund*. Berücksichtige dabei die Wirkung, die der Verfasser damit erzielt, und die Intention, die er zum Ausdruck bringen möchte.

Lösungsvorschlag:

Andersch verwendet in *Sansibar* moderne Erzähltechniken:

- Die Handlung wird nicht chronologisch erzählt, sondern in fünf Stränge aufgespalten. Diese Stränge sind den fünf Hauptpersonen zugeordnet.
- Der Text ist in 37 Abschnitte eingeteilt. Die Überschriften der Abschnitte geben an, aus der Perspektive welcher Person(en) der jeweilige Abschnitt erzählt wird.
- Äußere Handlung und Bewusstseinsinhalte der fünf Personen in den Abschnitten spielen sich nicht zeitlich getrennt voneinander ab, sondern gleichzeitig.
- Die Person „Der Junge" bildet durch ihre regelmäßige Wiederkehr ein Strukturelement.
- Die Erzählhaltung des Romans ist überwiegend eine personale, d. h. die Handlung und die äußeren Ereignisse werden aus der Perspektive der Personen erzählt.
- Die Vorgeschichte wird in Form von Rückerinnerungen der Personen eingeblendet.
- Die Abschnitte werden durch sich überschneidende Informationen zu einem gemeinsamen Erzählfaden verknüpft.

Auch die Gestaltung der Abschnitte folgt den Prinzipien eines modernen Erzählens:

- Die einzelnen Abschnitte werden überwiegend aus der Innenperspektive der Personen erzählt.
- Dabei verwendet der Erzähler die Technik der erlebten Rede.
- Die Erzählreihenfolge ist nicht kontinuierlich, sondern die Informationen werden assoziativ verbunden.
- Damit entsteht eine Art Bewusstseinsstrom der Personen.

Mit diesen Techniken sucht Andersch folgende Wirkungen zu erzielen:
- Der Leser ist unmittelbar mit den Charakteren konfrontiert.
- Die Figuren wirken daher auf ihn authentisch.
- Der Leser muss aktiv mitarbeiten, um sich den Gesamtzusammenhang zu erschließen.
- Er erkennt die Diskrepanz zwischen inneren und äußeren Vorgängen bei den Personen.

Die Verwendung dieser Techniken dient folgenden Zielen:
- Isolation, Misstrauen und Einsamkeit der Personen werden in der gefährdeten Situation im totalitären Staat erkennbar.
- Da es in der modernen Zeit keine absolute Wahrheit als Maßstab gibt, ist der allwissende Erzähler als Vermittlungsinstanz nicht mehr angemessen.
- Die Wahrheit muss aus vielen Einzelwahrheiten konstituiert werden; das ist Aufgabe des Lesers.

Indem der Roman *Sansibar* an moderne Erzähltechniken anknüpft und moderne Grundüberzeugungen repräsentiert, ist er als Werk der Moderne anzusehen.

4 Der Anfang des Romans

Aufgabenstellung:

Interpretiere den Erzählbeginn von *Sansibar oder der letzte Grund* (S. 7–9). Analysiere den Inhalt und die Erzählweise der beiden Abschnitte.

Lösungsvorschlag:

- Die beiden Abschnitte sind mit den Namen der handelnden Personen überschrieben; Abschnitt 1 „Der Junge“ (S. 7) ist in Kursivschrift gedruckt.
- Ohne jede Einleitung oder Hinführung beginnt die Handlung unvermittelt mit den Gedanken der jeweiligen Personen.
- Der Leser muss sich die Informationen über die Umstände des Geschehens aus den Details rekonstruieren:
  Wer: ein Junge
  Wo: an einem Flussufer (Treene) an der Ostsee
  Wann: irgendein Herbst (fallende Blätter)

Inhalt von Abschnitt 1:

- Ein Junge sitzt an einem Flussufer, liest in einem Roman und leidet an der Sehnsucht nach Abenteuern.
- Seine Sehnsucht nach Abenteuern speist sich aus der Unzufriedenheit mit der gegenwärtigen Situation zu Hause.
- Leitbilder des Jungen sind die Titelfigur Huckleberry Finn des Romans von Mark Twain und sein eigener Vater.
- Ihm ist bewusst, dass man einen Aufbruch nicht plan- und ziellos wie sein Vater durchführen darf, sondern ein konkretes Ziel braucht.

Erzählweise:

- Die Gedanken der Person werden in der Form der erlebten Rede wiedergegeben (Merkmal: Indikativ Präteritum).
- Dadurch werden innere Vorgänge und äußere Wahrnehmungen sehr eng miteinander verknüpft.
- Die berichteten äußeren Wahrnehmungen und Vorgänge folgen keiner logischen Ordnung, sondern bilden eine Assoziationskette; es entsteht eine assoziative Abfolge von Bewusstseinsinhalten.

Inhalt von Abschnitt 2 (S. 8 f.):

- Eine Person namens Gregor befindet sich auf dem Weg zu einer Stadt an der Ostsee.
- Innerlich fühlt er sich bedroht.
- Er vereint zwei Seiten in sich: die nüchterne Rationalität und die vergleichende Fantasie.

Erzählweise:

- Gleiche Erzähltechnik wie im ersten Abschnitt: Innenperspektive, personales Erzählen, erlebte Rede, Bewusstseinsstrom
- Zwei verschiedene Sprachebenen verdeutlichen die beiden Seiten des Charakters: auf der einen Seite nüchtern beschreibende, präzise Begriffe („Kiefernwald, Fahrrad, Straße"); auf der anderen Seite metaphorisch poetische Ausdrucksweise („eine Schwinge aus eisigem Ultramarin").

In den beiden Anfangsabschnitten sind bereits die wesentlichen Themen des Romans umrissen: Rettung aus einer Bedrohung und Aufbruch zu einem neuen Ziel.

5 Szene am Hafen

Aufgabenstellung:

Interpretiere den Ausschnitt „Gregor faßte in seine Hosentasche" (S. 73) bis „[...] langsam ging sie auf das weiße Haus zu" (S. 76) aus *Sansibar oder der letzte Grund*. Analysiere Inhalt und Erzählweise dieses Ausschnitts im Kontext der gesamten Romanhandlung.

Lösungsvorschlag:

Vorgeschichte des Ausschnitts: Fünf Personen kommen in Rerik zusammen. Es entsteht der Plan, das gefährdete Kunstwerk zu retten und außer Landes zu bringen.
Der erste Teil des Ausschnitts ist aus der Perspektive Gregors erzählt:
- Gregor ist ein Instrukteur der Kommunistischen Partei, der sich innerlich aber von der Partei abgewendet hat.
- Da er sich bedroht fühlt, sucht er nach einer Fluchtmöglichkeit.
- Zugleich sucht er eine neue Orientierung. Er findet diese im „Lesenden Klosterschüler", der für ihn zum Sinnbild des geistig ungebundenen Lebens geworden ist.
- Daher stellt er seine Fluchtpläne zurück und organisiert die Rettung der Figur.

Zum Zeitpunkt der Erzählhandlung des vorliegenden Ausschnitts hat Gregor bereits die Schlüssel zur Kirche in der Tasche und denkt über die veränderte Situation nach:
- Dabei umkreist und beobachtet er Judith, die von ihm noch nichts ahnt.
- Er fühlt sich immer noch bedroht, aber er hat einen neuen Inhalt gefunden („Der leere Tag hatte sich gefüllt", S. 74).
- Das drückt sich im Gegensatz zwischen Farblosigkeit und Farbenfülle aus.
- Inhalte sind für ihn jetzt das Bekenntnis zu seinem Verrat an der Partei, das neue Idol „Klosterschüler" und der Einsatz für das hübsche Mädchen.
- In diesen Bildern veranschaulicht sich der Gegensatz zwischen Bedrohung und Freiheit.
- In der vorliegenden Situation erfährt Gregor zum ersten Mal bewusst seine neue Freiheit.

Der zweite Teil des Ausschnitts ist aus der Perspektive Judiths erzählt:

- Judith ist eine junge Jüdin, die vor der Verfolgung durch die Anderen nach Rerik geflohen ist und dort eine Möglichkeit zur weiteren Flucht sucht.
- Sie merkt, dass ihre Vorstellungen von Rerik und einer Flucht zu romantisch waren und mit der Wirklichkeit nicht übereinstimmen.
- Am Hafen hat sie das Anlegen eines schwedischen Frachters beobachtet und überlegt nun, wie sie weiter vorgehen kann.
- Im Gasthaus, wo sie wohnt, ist sie gefährdet, da der Wirt ihren Pass sehen möchte, den sie als Jüdin nicht vorzeigen kann.
- Die Anzüglichkeiten des Wirts suggerieren ihr die Möglichkeit, dass sie sich ihm hingeben könnte, um sich zu retten.
- Schließlich geht sie in das Gasthaus, um in Kontakt mit den schwedischen Seeleuten zu kommen.
- Wichtig und auffällig ist in diesem Ausschnitt auch wieder die Farbsymbolik: Schwarz, Weiß und Rot repräsentieren die Flagge der Anderen und stehen damit für die starke Gefährdung Judiths.
- Die Farben werden auch auf andere Gefahrenquellen (Türme, Wirt, Gasthaus) übertragen.
- Die Farben Blau und Gelb der schwedischen Flagge stehen dazu im Kontrast.

Der Textausschnitt ist ein wichtiger Punkt in der Handlung, da Gregor sich erstmals seiner neuen Freiheit bewusst wird und Judith zunehmend die Ausweglosigkeit ihrer Situation und ihrer Einsamkeit erkennt. Das Thema Gefährdung und Rettung wird durch die Häufung symbolischer Farben intensiv veranschaulicht.

6 Charakteristik Gregors

Aufgabenstellung:

Charakterisiere die Figur Gregor in *Sansibar oder der letzte Grund.*

Lösungsvorschlag:

Bedingt durch die Erzählweise erfährt der Leser einige Informationen über Gregor durch die Augen der anderen Personen.
- Gregor ist ein junger Mann mit unauffälligem Äußerem.
- Er ist Instrukteur der Kommunistischen Partei und kommt mit einem Parteiauftrag nach Rerik.

Sein Charakter zeigt zwei gegensätzliche Seiten. Einerseits ist er rational, nüchtern, beobachtend und möchte sich von allen Gefühlen fernhalten; andererseits ist er schwärmerisch und poetisch veranlagt. Er verliebt sich in Judith und freut sich über die Romantik, die sein Leben nun bereichert. Diese zwei Seiten kann er jedoch nicht miteinander vereinbaren. Schon zu Beginn des Romans befindet er sich in einer Krise, da er sich von der Partei lösen möchte, und ihm sind Zweifel an seiner Eignung für die Parteiarbeit gekommen:
- Beim Studium an der Lenin-Akademie stellt er immer wieder vorzeitige Ermüdung fest.
- Bei einem Manöver in Russland war ihm das ästhetische Erlebnis eines Sonnenuntergangs am Meer wichtiger als die Einnahme der Stadt, was er als Verrat am Dogma der Partei empfindet.
- Seine Freundin Franziska ist im Rahmen einer Säuberungsaktion der Partei wahrscheinlich ermordet worden.
- Er glaubt von sich, dass er nicht kühl und hart genug sei.
- Er fühlt sich durch die Parteiarbeit gefährdet und möchte sich davon befreien.
- Eine Möglichkeit der Befreiung sieht er in der Flucht ins Ausland.
- Er erstrebt ein unabhängiges Leben und fragt sich, ob man ohne Auftrag leben könne.
- Die Holzplastik „Lesender Klosterschüler“ wird für ihn zum Sinnbild eines geistig ungebundenen Lebens.
- Als er die Rettungsaktion initiiert und organisiert, fühlt er sich frei, weil es seine private Aktion ist.
- Er sperrt sich nicht mehr gegen die Gefühle im Zusammenhang mit der schönen, jungen Frau, sondern begreift diese als Bereicherung.
- Er gibt die Idee der Flucht auf und bleibt nach der Aktion in Deutschland.
- Am Ende bricht er auf in eine ungewisse Zukunft, aber mit dem zuversichtlichen Wissen, dass die neue Situation zu überprüfen ist.

7 Helanders Entscheidung

Aufgabenstellung:

Interpretiere den Abschnitt „Helander“ (S. 108–115) im Kontext der gesamten Romanhandlung von *Sansibar.*

Lösungsvorschlag:

Die Vorgeschichte

- Helander will die gefährdete Holzplastik aus seiner Kirche im Ausland in Sicherheit bringen lassen.
- Gregor übernimmt diese Aktion und will auch Knudsen dazu überreden.
- Gregor hat den Schlüssel für die Kirche und verabredet ein Treffen für die folgende Nacht.
- Helanders Wunde am Bein ist entzündet und schmerzt stark.
- Er hat den Arzt konsultiert, der ihn sofort in die Klinik einweisen will.

Helander befindet sich nun im Zwiespalt:
- Geht er in die Klinik, ist er gerettet, aber der „Klosterschüler“ wird eingezogen.
- Bleibt er und lässt die Figur wegschaffen, wird er verhaftet und ist im KZ Folter ausgesetzt.
- Verstärkt wird dieser Konflikt noch durch seine Glaubenskrise.
- Er sucht einen neuen Zugang zu Gott und wartet auf eine Offenbarung Gottes (Schrift auf der Wand).
- Da dieses Zeichen ausbleibt, glaubt er, dass Gott fern sei.
- Da er Gott fern glaubt, verliert für ihn auch ein mögliches Martyrium den Sinn.
- Da er den „Klosterschüler“ jedoch keinesfalls den Anderen überlassen will, entscheidet er sich dazu, nicht in die Klinik zu gehen, sondern zu bleiben.
- Er hofft, dass durch diese Entscheidung Gott ihm wieder nah ist.

Die Szene stellt einen entscheidenden Wendepunkt der Ereignisse dar: Wenn Helander sich für die Klinik entschieden hätte, wäre die folgende Handlung ganz anders verlaufen.

8 Auseinandersetzung mit einer literaturkritischen These

Aufgabenstellung:

Der bekannte Literaturkritiker Marcel Reich-Ranicki (1920–2013) hat in einer Rezension des Romans 1963 geschrieben:

> *Sansibar* enthält doch weder eine Abrechnung mit dem Nationalsozialismus noch ein stilisiertes Bild der damaligen Verhältnisse. [...] Mit der Historie hat dieser Roman nichts zu tun. (Marcel Reich-Ranicki, „Alfred Andersch, ein geschlagener Revolutionär", in: M. R.-R., *Deutsche Literatur in West und Ost*, 3., vom Autor durchges. Aufl. München 2002, S. 120–129, hier S. 125)

Erörtere, ob dieser Ansicht Reich-Ranickis zuzustimmen ist.

Lösungsvorschlag:

Reich-Ranickis Thesen

- *Sansibar* enthalte keine Kritik am Nationalsozialismus.
- Die Verhältnisse im Nationalsozialismus seien nicht in einer vereinfachenden oder abstrakten Weise dargestellt.
- Der Roman bilde die geschichtliche Wirklichkeit im Nationalsozialismus nicht ab.

Darstellung des Nationalsozialismus in *Sansibar*

- Der Roman schildert die Situation in Deutschland 1937.
- Er bezieht sich auf einige Missstände im NS-Staat.
- Gregor und Knudsen sind Beispiele für die Verfolgung politischer Gegner. Sie arbeiten im Untergrund und sind der Gefahr einer Inhaftierung in einem KZ ausgesetzt.
- Das Verbot „entarteter Kunst" wird am Beispiel des „Lesenden Klosterschülers" verdeutlicht. Um die Plastik zu retten, soll sie ins Ausland geschafft werden.
- Die Verfolgung Kranker und Behinderter spiegelt sich in Berthas Schicksal. Sie kann nur durch die Hilfe des Arztes vor einem Abtransport in ein Vernichtungslager gerettet werden.
- Helander ist Anhänger der Bekennenden Kirche, die sich gegen die Gleichschaltung durch die Nazis wehrt und eine oppositionelle Haltung zum Staat einnimmt.

- Judith ist wegen ihrer jüdischen Abstammung am meisten gefährdet. Sie muss vor dem Regime ins Ausland fliehen, da sie nur einen gekennzeichneten Pass besitzt.

Fazit

- Reich-Ranicki hat insofern Recht, als Andersch die Repressalien durch das totalitäre Regime nicht in aller Deutlichkeit und Dramatik zeigt. Gemessen an dem Leid der Juden in Deutschland wirkt Judiths Flucht relativ harmlos. Und ein einziges gerettetes Kunstwerk steht in keiner Relation zu mehr als 16 000 beschlagnahmten Werken.
- Reich-Ranicki ist zu widersprechen, wenn er behauptet, dass der Roman mit der Historie gar nichts zu tun habe. Denn Andersch deutet mit der Schilderung der Personen Aspekte an, wie der totalitäre Staat in das Leben der Menschen eingreift und sie damit in Angst und Schrecken versetzt.
- Es ist jedoch nicht Anderschs Ziel, ein treffendes Porträt der NS-Zeit zu zeichnen. Die Schrecken dieser Zeit lassen sich in Kunst und Literatur wohl kaum angemessen darstellen. Vielmehr zeigt er seine Romanfiguren in existenziellen Entscheidungssituationen, in denen sie durch ihren Einsatz für ein humanes Leben eine neue Orientierung finden.

Stichwortverzeichnis